国家社科基金课题(12BTY035)

国家体育总局体育科学研究所基本科研业务费资助项目

（基 19-07 和基 20-24）

国家社科基金丛书
GUOJIA SHEKE JIJIN CONGSHU

我国全民健身活动
指导体系研究

Research on the Guidance System of
National Fitness Activities in China

刘新华　著

人民出版社

责任编辑:陈寒节

封面设计:石笑梦

版式设计:胡欣欣

图书在版编目(CIP)数据

我国全民健身活动指导体系研究/刘新华著. —北京:人民出版社,

2021. 12

ISBN 978-7-01-023550-9

Ⅰ.①我… Ⅱ.①刘… Ⅲ.①全民健身-研究-中国 Ⅳ.①G812.4

中国版本图书馆 CIP 数据核字(2021)第 135473 号

我国全民健身活动指导体系研究

WOGUO QUANMIN JIANSHEN HUODONG ZHIDAO TIXI YANJIU

刘新华 著

人民出版社 出版发行

(100706 北京市东城区隆福寺街 99 号)

北京中科印刷有限公司印刷 新华书店经销

2021 年 12 月第 1 版 2021 年 12 月北京第 1 次印刷

开本:710 毫米×1000 毫米 1/16 印张:16

字数:255 千字

ISBN 978-7-01-023550-9 定价:62.00 元

邮购地址:100706 北京市东城区隆福寺街 99 号

人民东方图书销售中心 电话(010)65250042 65289539

前　言

自 1995 年颁布《全民健身计划纲要》以来，无论是 2011—2015 年阶段和 2016—2020 年阶段实施的《全民健身计划》，还是 2016 年颁布的《"健康中国 2030"规划纲要》，都在发展任务中把全民健身公共服务体系作为重要的内容之一。特别是 2019 年国务院印发的《体育强国建设纲要》，把完善全民健身公共服务体系作为落实全民健身国家战略、助力健康中国建设的重要内容之一。

体育强国建设可以有力推动和促进健康中国建设，实现全民健康这一根本目的。体医融合也好，运动干预也罢，都是实现体育强国建设的方法和策略，实际上也是科学健身指导的问题。再好的政策措施和理论方法，没有一套行之有效的公共服务体系进行科学普及、践行健身指导，让广大群众切身领会、熟练掌握、灵活运用，都将是脱离实践、华而不实的表现。科学健身指导的重要性由此可见，而构建全民健身活动指导体系更是完善全民健身公共服务体系的重要一环，也是落实体育强国建设的重要步骤和具体举措。

目前，我国的体育体制改革正在不断深入，体育领域的扁平化管理正在有序推进，如何转变政府职能，强化社会力量，调动社会积极性，把我国的体育改革和创新推向更高的层面，对于群众体育，特别是全民健身公共服务体系将产生重要而深远的影响。探索全民健身活动指导体系不仅对于加强科学健身指导，提高大众的科学健身素养具有重要的现实意义，而且对于完善

全民健身服务体系也具有较高的学术价值,

本书的内容由导论、全民健身活动指导体系概述、我国全民健身活动指导体系现状、全民健身活动指导体系构建的基础、全民健身活动指导体系基本模式的构建、全民健身活动指导体系的运行机制五个部分组成。从理论与实践两方面全面、系统地对全民健身活动指导体系的构建进行阐述,是一部近几年来少有的对全民健身公共服务体系子系统进行深入研究和探讨的著作。

本书有两大特点:一是实证研究与理论研究相结合,通过调查了解我国全民健身活动的基本现状,为全民健身活动指导体系的构建提供第一手资料;二是紧紧围绕和抓住国家的群众体育政策这条主线,开展科学研究,并取得一定的成果,为相关决策部门提供科学依据。

作者有国外留学经历,归国后在国家体育总局体育科学研究所从事群众体育研究工作多年,同时积极参与科学健身指导工作,在理论和实践两方面积累了一定的经验,该书的出版也是对作者多年来工作的总结。

当前,正是体育强国建设的关键时期,2020 年也是贯彻落实《体育强国建设纲要》的关键之年,国家体育总局颁布了一系列的政策法规和具体措施,积极推动体育强国建设。本书的出版,可为各级政府体育部门、各类体育社团组织、各类体育科研机构、大中院校体育教师和学生、全民健身活动指导者提供全民健身活动指导理论,在理论上为体育强国建设的落实与实施提供科学依据,也为实现全民健身国家战略和健康中国建设提供有力的支撑。

目　录

导　论

一、本书的意义

1995 年国务院颁布的《全民健身计划纲要》（以下简称《纲要》），为我国全民健身制定了战略发展规划。《纲要》首先提出到 2010 年的总体发展目标："全面提高中华民族的体质与健康水平，基本建成具有中国特色的全民健身体系。"并对全民健身的对象和重点工作、国民体质的监测等方面都做出了具体的规定。纲要与《中华人民共和国宪法》和《中华人民共和国体育法》一起，成为我国群众体育立法的高层次法律的渊源，首次从法律的高度为我国全民健身体系的建设进行顶层设计。从此，我国的群众体育无论从政策角度还是理论研究的视角，以及实践的途径，都为实现这一战略目标稳步向前推进。

从政策角度来看，自 2000 年以来，我国发布了一系列有关政策法规文件，都有"全民健身体系"构建的描述。2000 年发布的《2001—2010 年体育改革与发展纲要》，2001 年发布的《〈全民健身计划纲要〉二期工程（2001—2010）规划》，2002 年发布的《关于进一步加强和改进新时期体育工作的意见》《〈全民健身计划纲要〉二期工程第一阶段（2001—2005）实施计划》，以及 2003 年发布的《中共中央关于完善社会主义市场经济体制若干问题的决定》等，都在不同时期对"全民健身体系"和"全民健身服务体系"进行表述，虽然在不同的文件中文字上的表述略有不同，但已充分说明了国家从顶层设计对"全民健身体系"创建的重要性和迫切性。

到了 2009 年，国务院又颁布了《全民健身条例》（以下简称《条例》），从各个层面对"全民健身体系"提出了具体的要求和设计。其目的是保障公民在全民健身活动中的合法权益，提高公民身体素质。说明经过多年的政策积累和建设，我国的"全民健身体系"已初步建成。从《纲要》到《条例》可以说是一个质的变化，表明我国群众体育发展真正进入法治化轨道。中国的群众体育走出了"制度困境"，初步形成了群众体育制度体系的基本框架。《纲要》尽管提及了全民健身体系中各相关主体，但还是比较笼统。《条例》从第十五条到第十八条分层次、采取列举的方式明确了全民健身体系中各相关主体的责任，提出了具体的工作职责，这样更有利于调动社会各方力量对全民健身活动进行指导，共同推动全民健身事业的发展。特别是 2014 年《国务院关于加快发展体育产业 促进体育消费的若干意见》将全民健身上升为国家战略，将科学健身指导工作提到一个新的高度。随着《全民健身计划（2016—2020）》提出实施全民健身计划是国家的重要发展战略，科学健身指导工作成为全民健身系统工程中的重要一环。

2015 年，党的十八届五中全会首次提出推进健康中国建设；2016 年《"健康中国 2030"规划纲要》（以下简称《规划纲要》）颁布；2017 年党的十九大提出关于实施"健康中国"战略和"加快推进体育强国建设"的要求。"健康中国"作为国家战略，旨在全面提高全民的健康水平。"共建共享 全民健康"是建设健康中国的战略主题。共建共享是建设健康中国的基本路径，全民健康是建设健康中国的根本目的。《规划纲要》中明确提出了"加强体医融合和非医疗健康干预"。体医结合也好，运动干预也罢，最终都要落实到科学健身指导这一层面，再科学的健身知识和方法，再好的健身政策，不进行科学健身普及工作，不对广大人民群众进行宣传和推广，让广大百姓切身体会，熟练掌握，灵活运用，都将失去其应有的价值和意义，因此科学健身指导的作用和价值至关重要。2017 年的全国群众体育工作电视电话会议上，体育总局专门提出了加强群众身边的健身指导要从三个方面着手：一是加强科学健身指导，二是开展国民体质监测，三是充分发挥社会体育指导员作用，加强社会体育指导员队伍建设。2017 年国家体育总局印发了《国务院全民健身工作部际联席会议办公室工作机制》，该机制的设立对完善政府主导、部门协同，全社会共同参与的全民健身事业发展的新格局，进一步贯彻落实《条例》和全民健身计划，加强对全民健身工作的宏观指导和统筹协调，推动健康中国建设具有重要的战略意义。

从理论研究的角度来看，有关"全民健身体系"的研究已进行了多年，"全民健身体系"的大框架也基本确定，但是有关"全民健身体系"子系统的深入研究并不多，从现有的有关全民健身活动指导体系的研究来看，只是一些描述性的论述，缺乏研究的深度和广度。如裴立新把"全民健身体系"活动指导体系分八个部分，分别是社区体育活动指导、广场体育活动指导、公园体育活动指导、家庭体育活动指导、单位体育活动指导、医疗保健类体育活动指导、全民健身表演活动指导以及全民健身比赛活动指导。[①] 于军等人的"全民健身体系"指导体系以体育社会指导员为健身指导实施主体，以健身辅导站、健康咨询中心、体质监测站为基地，以健身指导、健康咨询和体质监测为主要内容和手段而组成。[②] 李蔚东等的健身服务体系中的健身活动指导包括娱乐场所的活动指导、健身场馆的活动指导、健身科学知识、科学健身终身健康和健身发展战略与规划等。[③] 晓敏的科学健身指导包括科学健身方法研究推广、社会体育指导员培养与服务、群众健身理论研究等。[④] 董新光等的科学健身指导分理论指导系统和活动指导，包括科学理论、观念意识、方针政策、舆论导向以及活动指导等。[⑤] 从目前与指导体系相关的研

---

① 裴立新：《全面小康社会多元化全民健身服务体系的研究》，北京体育大学出版社 2006 年版，第 142—143 页。

② 于军等：《全民健身服务实践体系建设研究》，中国书籍出版社 2013 年版。

③ 李蔚东等：《卫生与发展：建设全民健康社会》，清华大学出版社 2004 年版，第 91—92 页。

④ 晓敏：《对构建群众性多元化体育服务体系的思考》，《体育文化导刊》2003 年第 8 期。

⑤ 董新光等：《全民健身大视野》，北京体育大学出版社 2003 年版，第 102—103 页。

究可以看出，全民健身活动指导的内容和范围并没有一个统一的范畴，各个研究既不全面也不充分。

目前，我国的体育体制改革正在不断深入，如何转变政府的职能，强化社会的力量，调动社会的积极性，把我国的体育改革和创新推向更高的层面，这对于群众体育特别是全民健身活动指导体系，将产生重要而深远的影响。根据文献检索和整理分析，对于全民健身活动指导体系的研究亟须拓展研究领域，提高研究层次，深化研究深度，进行研究创新。因此，本书从宏观层面系统、全面地探索构建我国全民健身活动指导体系，对于完善全民健身服务体系具有较高的学术价值，对于加强科学健身指导，提高大众的科学健身素养具有重要的现实意义，也将为实现全民健身国家战略和健康中国建设奠定一定的理论基础。

二、本书主题的研究现状

（一）有关全民健身活动指导体系框架的研究

相关学者对全民健身活动体系的基本框架做了深入的研究。从"一元"到"多元"体系，无论是哪一种体系，不仅在概念上有所不同，在系统构架中也各有不同。具有代表性的有两种：

一种观点认为，全民健身体系是一个能够满足大众健身基本需求，使国民的健康素质得到明显提高的服务和保障系统。如董新光认为具有中国特色的全民健身体系的基本框架构成是：（1）全民健身事业的理论指导系统；（2）活动服务系统；（3）条件支持系统；（4）组织管理系统；（5）监测评价系统。其中，理论指导系统包括科学理论、观念意识、方针政策和舆论导向；活动服务系统包括场地设施、活动指导、消费市场和信息供给。两部分合起来，比较系统地描述了全民健身活动指导体系的大概轮廓。① 董新光的

---

① 董新光等：《全民健身大视野》，北京体育大学出版社 2003 年版，第 102—103 页。

这种划分实际上是把全民健身活动的指导分别划分到了理论指导和实践指导两个子系统中。晓敏的研究从宏观和微观两方面对构建群众性多元化体育服务体系进行了论述。宏观上，这一体系的基本框架主要由组织管理系统、物质保障系统、活动竞赛系统、政策法规系统、科学指导系统、信息服务系统、体质评价系统、健身产业系统、评估表彰系统等构成。微观上，在每个系统中还包括若干个子系统。其中，科学指导这一子系统中，又划分了科学健身方法研究推广、社会体育指导员培养与服务和群众健身理论研究。但是，从本书对全民健身活动指导的定义来看，组织管理子系统（包括政府行政管理、群体社团管理）和体质评价子系统（包括国民体质监测、国民体质评价和国家体育锻炼标准）也属于全民健身活动指导的范畴。[①]

另一种观点认为，全民健身体系是以组织管理、体育活动、物质保障三大关键环节为基本构架，以若干保障支撑系统构成的一个可满足多元需求、结构完善、层次分明、功能有效的开放性系统。[②] 裴立新在《全面小康社会多元化全民健身服务体系的研究》一书中，通过归纳、分析和总结，演绎出了"多元化全民健身服务体系"的基本框架，共分三大部分，分别是服务体系、支持体系和保障体系。其中服务体系包含了活动指导体系。活动指导体系包括社区体育活动指导、广场体育活动指导、公园体育活动指导、家庭体育活动指导、单位体育活动指导、医疗保健类体育活动指导、全民健身表演活动指导和全民健身比赛活动指导，并进行了简要的概述，但没有做进一步的深入分析。[③]

上述两种观点，无论"全民健身体系"还是"多元化全民健身服务体系"的系统构架，都在一定程度上出现了不同层次和结构上的交叉与重叠，并且两种观点均把全民健身活动指导体系作为其重要的一部分。虽然个别研

[①]　晓敏：《对构建群众性多元化体育服务体系的思考》，《体育文化导刊》2003 年第 8 期。
[②]　陈喜珍：《我国全民健身工程的保障体系研究》，《沈阳体育学院学报》2010 年第 1 期。
[③]　裴立新：《全面小康社会多元化全民健身服务体系的研究》，北京体育大学出版社 2006 年版，第 142—143 页。

究对全民健身活动指导体系进行了简单的描述，但是上述两种情况对于全民健身活动指导体系并没有做专门而深入的研究和探讨。不过，对于我们深入理解和把握全民健身活动指导体系提供了一些理论基础。

（二）有关全民健身活动指导体系相关运行机制的研究

现阶段对与全民健身活动指导体系运行机制相关的研究中，以对公共体育服务体系运行机制的研究较多，这些研究主要涉及两方面的内容。一方面是运行机制的理念。如罗旭等人的研究指出：全民健身体育公共服务运行机制是由运作目的、运作环境、运作程序、运作主体、运作动力、运作手段等要素构成的动态系统，这些要素通过不同的作用方式影响着系统的整体功能。[1] 肖林鹏等人的研究指出，体育公共服务体系是指由满足公共需求的要素构成的一个有机整体。另一方面主要是运行机制的组成结构。如乔伟在研究中把运行机制分为五部分，分别是目标机制、决策机制、动力机制、调节反馈机制及投入机制。[2] 程轶的研究把运行机制分为五大机制，分别是控制机制、动力机制、激励机制、网络机制、保障机制。[3] 罗旭在《我国全民健身服务体系的理论构建与运行机制研究》一书中，把运行机制分为目标机制、协调机制、整合机制、控制机制、激励机制及适应机制六大机制。[4] 在上述研究中，各运行机制都具有不同的功能和作用，虽然其结构各不相同，但在人类社会有规律的运动中，各机制之间相互联系，相互制约，发挥各自的功能促使其按发展的目标来运行。

---

① 罗旭等：《全民健身体育公共服务运行机制的理论分析》，《沈阳体育学院学报》2009 年第 6 期。

② 肖林鹏、孙荣回：《论全民健身服务体系及其运行机制》，载《第二届全民健身科学大会论文摘要集》，2010 年，第 24 页。

③ 程轶：《呼和浩特市城市社区体育现状及运行机制的调查研究》，硕士学位论文，内蒙古师范大学，2013 年，第 30—32 页。

④ 罗旭：《我国全民健身服务体系的理论构建与运行机制研究》，北京体育大学出版社 2011 年版。

（三）互联网平台在全民健身活动指导中应用的研究

1. 国内关于互联网模式在运动健身服务中的研究

互联网健身活动指导是随着互联网各类模式的不断发展而发展的。2010年以前，是 web1.0 时代，网站是当时主要的互联网模式，也是提供互联网健身指导的主要模式。相应的互联网运动健身服务研究聚焦在健身网站的建设、监管和评价等。2010 年以后，智能手机开始兴起，手机 App 和社交媒体也开始广泛应用。在这个时期，健身指导 App 和健身指导社交媒体账号开始逐渐流行起来，如 fittime、keep 等。相应的研究也开始关注这一领域。

2. 国外关于互联网模式在运动健身服务中的研究

网络健身干预是使青少年达到预期效果方便的、被广泛使用的方式，网络健身干预有提高青少年参与体育活动的潜力。目前国外对健身健康网站的研究集中在健身健康网站干预的研究（特别是对青少年）、社交网络对人的身体活动促进的研究、社区体育的网络化研究、网站评价等几个方面。国外对移动应用的研究起步早，针对应用服务、应用产品等都有分析研究。研究重点聚焦在对健身 App 的指导干预效果，人们使用健身 App 的动机，健身 App 的用户体验，针对特殊人群用健身 App 指导干预及其效果，健康 App 的相关法律、评估等方面的研究。

3. 关于互联网平台在全民健身活动指导中应用研究的三个阶段

第一阶段，在 2010 年以前，网站是提供互联网健身指导的主要平台。因此，针对健身网站的研究，主要聚焦在网络指导系统的构建与建设上。第二阶段，2010—2015 年，随着智能手机的兴起，手机 App 和社交媒体被广泛应用。但是，由于移动互联网健身指导类 App 的应用时间较短，相关研究并不多，也不够完善。第三阶段，2015 年国务院发布了《关于积极推进"互联网+"行动的指导意见》（国发〔2015〕40 号）后，为大数据应用于全民健身活动指导提供了政策保障和应用基础。目前，有关这方面的研究主要有体育教育信息库的构建，我国体育产业发展，体育公共服务移动平台建设以及体育公关传播等方面的研究。

综上所述，第一阶段的重点放在了理论构建与网站建设上，鲜有构建出全面有效的网络化咨询服务系统，多数也只是停留在情况调查阶段，虽也有具体讨论如何建设网络指导系统平台的，但大部分文献都是局限于某一个方面，而且只是理论性较强，缺乏实践研究。第二阶段，主要是智能手机的普及，移动互联网的广泛使用，健身指导类 App、可穿戴设备在全民健身活动中的应用研究开始兴起，由于时间较短，虽然这方面的研究文章较少，但为大数据的广泛应用提供了客观条件。第三阶段，大数据的应用研究为全民健身指导科学化、精准化提供了依据。

（四）有关社会体育指导员和体育志愿者的研究

1. 有关社会体育指导员的研究

从《社会体育指导员等级制度》《全民健身纲要》《社会体育指导员职业标准》《社会体育指导员管理办法》到《社会体育指导员国家职业技能标准》，这些文件在社会不同发展时期发布以来，围绕着社会体育指导员，学术界在管理体制、培养现状、法律制度、激励机制等方面进行了一定程度的研究。

李树怡提出政府应承担制定社会体育指导员的政策法规、确定培训目标和考试标准、对培训机构以及社会体育指导员资格认定的角色。[①] 李相如通过对《社会体育指导员等级制度》和《社会体育指导员职业标准》进行比较，认为这两个文件各有其自身的发展目标、性质、服务对象、运行规律、发展速度和规模以及管理模式。[②] 李明认为应借助行政立法功能，促进社会

---

① 李树怡等：《我国社会体育指导员现状调查》，《体育科学》1999 年第 4 期。
② 李相如等：《我国社会体育指导员发展的动力与平衡机制探讨》，《天津体育学院学报》2008年第 6 期。

体育指导员职业化发展，建立体教联合制度，形成社会体育指导员的培养体系等。① 齐占霞认为普通高校应成为培养社会体育指导员的基地。② 韩会君等认为应改革现有的培训内容和培训方式，协调好区域发展的不平衡等。③ 郭亦农等④、于善旭等⑤认为缺少激励机制，考核制度不完善等。有研究认为社会体育指导员主要是凭着对社会、对事业的使命感与责任感自觉地奉献，还有很多社会体育指导员特别重视精神激励，看中的是对其的肯定与荣誉。因此，应多建立社会体育指导员工作表彰奖励制度、社会保障体系、补贴制度以及解决社会体育指导员后顾之忧的相关制度。⑥

　　有关国外这方面的研究也不少。日本的社会体育指导员是在日本体育协会统一协调领导下，由日本的教育部、卫生部、劳动部三部委分别进行日常的管理、培训和资格认定。各类体育指导员在经过培训并考试合格后，被授予认定证书，并在都、道、府、县教委或市、区、町、村教委的"体育指导员库"登记备案，并根据需要由体育指导人才委员会推荐、派遣担任相应的社会体育指导工作。⑦

　　英国社会体育指导员的管理机构有两个，一个由英国社会体育中央审议会（CCPR）负责，它是全英国最大的体育休闲机构。从 1981 年创立社会体育指导员制度以来，其下属的各个单项团体可以独自对社会体育指导员进行资格的认定和审查。另一个是与体育、娱乐相关的职业国家培训组织（PRI-

---

　　① 李明：《基于"劣币驱逐良币经济法则"的社会体育指导员职业发展思考》，《当代体育科技》2014 年第 14 期。

　　② 齐占霞：《高校应成为社会体育指导员的基地》，《体育学刊》1998 年第 1 期。

　　③ 韩会君、沈建华：《广东省社会体育指导员培训的现状及发展对策研究》，《山东体育学院学报》2005 年第 6 期。

　　④ 郭亦农等：《我国公益性社会体育指导员培训体系构建的思考》，《沈阳体育学院学报》2009 年第 4 期。

　　⑤ 于善旭等：《完善我国社会体育指导员制度有关重点问题探讨》，《天津体育学院学报》2007 年第 5 期。

　　⑥ 仝云：《社会体育指导员激励机制研究》，硕士学位论文，苏州大学，2009 年，第 21 页。

　　⑦ 李明、秦小平：《日本大众体育管理体制及社区体育的运行模式和特点研究》，《浙江体育科学》2009 年第 5 期。

TO），它管理的社会体育指导员的资格认证权已纳入国家职业资格证书制度体系，由于该组织对专业人员的水平要求相对较高，从而提升了社会体育指导员的权威性。英国的社会体育指导员分为三种类型，分别是高级指导员、社区体育指导员、基础户外训练指导员。①

根据认定类别的不同，美国对社会体育指导员的管理部门共有四个，分别是美国运动医学学会（ACSM）、全美体育教练员联合会（NATA）、国家体育舞蹈联合会（IDET）和美国体力调整协会（NSCA）。社会体育指导员共有十类。不论哪个机构认定的社会体育指导员在美国都能得到社会的认可和承认。②

德国的体育指导员有四种类型，分别是普通性体育指导员、特定项目指导员、体育经营指导员、青少年指导员。他们的工作领域涉及竞技体育、社会体育以及体育产业等领域，工作的主要内容包括技能传授、健身指导、训练、体育经营等。

加拿大的体育指导员管理认证机构有两个：健身指导员中央审议会（NFLAC）和加拿大体育科学学会（CASS）。加拿大的 NFLAC 认定的社会体育指导员有四类，工作重点均是健身指导。而 CASS 认定的社会体育指导员是两类，工作重点均是国民体质的健康监测和评价。③

2. 有关体育志愿者的研究

由于志愿者这一称呼起源于国外，志愿者组织或志愿者活动在我国的发展相对缓慢。2008 年北京奥运会以后，体育志愿者在我国才逐渐发展起来，到目前为止也没有体育志愿者的相关法规制度，管理体系也不健全，加上体育志愿者与社会体育指导员有交叉重合之处，因此，有关这方面的研究还不是太多。

---

① 戴俭慧等：《英、美、德三国体育指导员制度及启示》，《上海体育学院学报》2003 年第 4 期。

② 戴俭慧：《国外体育指导员资格认证制度的启示》，《体育学刊》2008 年第 5 期。

③ 靳娟：《公益性社会体育指导员价值研究》，硕士学位论文，河北师范大学，2010 年，第 3 页。

刘文霞的研究指出我国的体育志愿者组织现状是：①整体量少、组织力量薄弱；②志愿者专业知识不足；③传统观念依然存在；④无私奉献的思想基础牢固；⑤人才来源广泛；⑥社会地位和价值得不到认同；⑦不正确的行政干预。① 梁红彬认为现阶段的我国体育志愿者培养体制，在一定程度上调动了高校学生的积极性，但这种激励方式难免会引起学生之间或管理者之间的一些恶性竞争，容易导致不安全的因素发生。② 张兴玲的研究从宏观和微观的两个角度，阐述了构建体育志愿者组织发展的激励机制。宏观方面：①通过制定志愿者服务的相关法律法规制度，建立公正、民主的激励机制；②通过各种指导政策上的支持，建立公平、正义的激励机制；③通过媒介积极宣传"乐于助人，无私奉献"的良好社会风尚，建立文化、道德激励机制。微观方面包括荣誉激励、参与激励、榜样激励、情感激励四个方面。③ 王双丽的研究指出体育志愿者中大学生所占比重较多，社会参与程度低；政府是激励和管理的主体，缺乏其他组织的参与；缺乏稳定的体育专业志愿者队伍等。④

国外的体育志愿者发展体系较为完善。其中英、德、加等国家利用已形成的体系、发展完善的体育俱乐部进行培训，不仅积累了实践经验，还提高了专业水平。在整体管理系统中可以查询和检索相关的各种信息，不仅给大众获得社会体育服务和体育志愿者信息带来方便，还减少了管理组织部门的工作量。

德国有庞大、系统的体育协会网络，德国体育联合会（DSB）是德国体育的最高组织机构。德国共有 16 个联邦州，每个联邦州均有体育联合会，

① 刘文霞、郭可雷：《我国体育志愿者队伍的现状及影响因素分析》，《体育研究与教育》2005年第 1 期。

② 梁红彬：《我国体育志愿者培养体制及其优化措施》，《赤峰学院学报》（自然科学版）2014年第 5 期。

③ 张兴玲、唐成：《对我国体育志愿者组织激励机制的探析》，《长春师范大学学报》2005 年第 11 期。

④ 王双丽：《我国大型体育赛事志愿者的激励问题与管理对策研究》，硕士学位论文，华中师范大学，2006 年，第 36 页。

联邦州下面的城市和地区体育协会遍布全国各个角落，共同负责开展体育工作。特别是德国体育联合会及下属体育组织大约还拥有 270 万人义务为体育联合会工作，没有任何报酬，这里面包括训练指导员、助理员和理事。[①]

志愿者是英国社会发展的一支生力军，志愿者服务为英国做出了巨大的贡献。目前，英国每年参与志愿活动的人数达到 2200 万人，他们每年在各个领域提供了超过 9000 万小时的工作量，志愿者服务每年创造的价值约 400 亿英镑，志愿者每花费 1 英镑就能为国家带来 14 英镑的回报。体育志愿者是英国志愿者的重要组成部分。26% 的志愿者从事体育志愿者活动，人数近 600 万，每年为英国的体育事业提供 10 亿小时的工作量。他们遍及全英 10 万多家各类体育俱乐部，为 800 多万会员服务。[②]

在加拿大，体育志愿活动是一种普遍的志愿服务形式，体育监测（Sport Monitor）调查了加拿大人参与体育志愿活动以及参与时长等情况。结果显示，有 24% 的加拿大人表示在过去一年里以教练指导的形式参与体育志愿活动。25—44 岁群体比 45—64 岁群体当教练做指导的比例更高。有 31% 的男性当教练或指导员，而女性比例仅为 18%。性别差异较明显地出现在 25—44 岁年龄段（男性 43%，女性 20%）和 45—64 岁年龄段（男性 23%，女性 11%）。不同婚姻状况的人选择也不同，单身成年人比寡居、离异和分居的成年人更有可能当教练或指导员。积极锻炼者当教练或指导员的比例也较高。有 20% 的加拿大人以体育管理理事或委员的形式参与志愿活动，或是从事其他与体育组织管理有关的工作。有 18% 的加拿大人表示参与其他形式的体育志愿活动。加拿大人平均花在体育志愿活动上的时长为 41 个小时。花较多时间参与体育志愿活动者具有以下特征：中学以上教育程度（与中学以下教育程度相比），来自高收入家庭（与家庭年收入在 3 万加元以下相比），已婚（与寡居、离异和分居者相比），充满活力，体育运动参与者。

---

① 王燕：《德国大众体育的研究及其启示》，《四川体育科学》2013 年第 6 期。
② 邱辉：《美英体育志愿服务的经验及其对我国的启示》，《吉林体育学院学报》2015 年第 6 期。

（五）有关全民健身活动现状的研究

从活动的性质来看，有关全民健身活动现状的研究可以分为以下几种：

第一种是从中央到地方各种大型的带有一定展示、示范、表演性质的全民健身活动。[①] 有关这方面的研究资料相对较少。张铭认为全国性健身指导活动内容日趋丰富，已经形成了一定的指导模式。建议充分结合各地实际丰富健身指导的内容，建立完善的健身指导服务网络。[②] 杨松花等通过调研发现福建省近四分之一的单项体育协会没有开展相关活动，有开展相关活动的以1—2次为主，以市级、区县级的竞赛活动为主，活动取得的反响较大。[③]

第二种是从中央到地方各类群众性体育竞赛活动。相关的研究也不是很多。闫洪杰认为江苏省健身气功普及推广已进入高校，参赛高校普通功法开展较全面，但技术水平不够高。[④] 谭久红等对第三、四届全国全民健身操舞大赛从多个角度和多方面进行分析与对比后，发现相对于第三届比赛，第四届比赛分组更加科学化和广泛化，竞赛内容进行了删减和增添，奖项设置趋于完善。[⑤]

第三种是开展经常性群众体育健身活动。有关这方面的研究较多。从活动的形式上来分，经常性群众体育健身活动有单位体育、职工体育、社区体育、农村体育、家庭体育、俱乐部等。段爱明等认为全民健身上升为国家战略，进入民生化建设阶段，其发展模式的优劣直接影响建设的成效。[⑥] 胡科

[①]　汪流等：《全民健身活动组织模式选择》，《体育文化导刊》2010年第3期。

[②]　张铭：《全国性健身指导活动调查研究》，《体育文化导刊》2011年第7期。

[③]　杨松花、戴维红：《莆田市准体育人口结构与体育活动特征研究》，《韶关学院学报》2009年第6期。

[④]　闫洪杰：《江苏省高校健身气功比赛现状及对策研究》，《运动》2015年第20期。

[⑤]　谭久红、徐峰：《论第三、四届全国全民健身操舞大赛发展态势研究》，《文体用品与科技》2016年第4期。

[⑥]　段爱明、谭平：《长株潭城市群体育资源配置与管理战略研究》，《体育科技》2008年第4期。

等人认为城市社区、单位、乡镇是我国开展社会体育的三种基本模式。① 胡富松等认为新时期职工体育的发展特征主要表现为经常参加体育活动的人口比例增加，但自组织体系不健全等。② 胡强等研究发现农村居民参与体育健身意识较高，但是各个区域的新农村体育文化建设水平不平衡。③

三、本书的研究目的和方法

（一）研究目的

本书以我国全民健身活动指导体系的构建为研究对象。运用需要和公共供求关系等基本理论，对我国全民健身活动指导体系相关概念进行理论规范和分析，构建我国全民健身活动指导体系的基本理论框架。通过对不同社会阶层体育健身行为观、价值观和需求的大样本调查研究以及全国范围内全民健身管理人员的调查访问，明晰全民健身活动指导体系的发展状况和存在的问题；考察体育健身行为和需求的多样化态势，多维影响因素及交互作用方式，探究阶层分化在体育健身领域的表征特征。以法约尔管理理论和自组织理论为基础，以实证调研为实践支撑，通过对体育健身服务需求与供给进行分析，提出我国全民健身活动指导体系的基本模式。通过对我国全民健身活动指导体系运行机制的理论和运行时态的研究分析，探讨运行机制阻滞现象，并提出促进运行机制畅通运行的意见和建议。

（二）研究方法

1. 文献资料法

首先，本书通过多种渠道收集了 1995 年至今国家及部分省市有关群众体育的政策法规；其次，根据本书的研究内容和任务需要，通过中国知网、

---

① 胡科、虞重干：《基层社区体育组织建设思考》，《体育文化导刊》2012 年第 3 期。
② 胡富松、刘志敏：《新时期职工体育的发展特征》，《体育文化导刊》2015 年第 3 期。
③ 胡强、张建华：《河南省新农村体育文化发展对策研究》，《体育文化导刊》2015 年第 2 期。

万方数据、Web of Science、EBSCOhoost 等数据库，收集相关的学术文献，查找相关专著、刊物和新闻报道，以及通过网络检索查询国内外大量有关健身指导中的应用等文献资料，并对有关成果进行整理、分析、归纳，对社会体育或群众体育的相关条例、规章、会议纪要，以及尚未发表的各类材料进行实地考察和收集，了解大众体育健身指导的发展以及国内外研究现状，为本书提供参考及理论支撑。

2. 问卷调查法

（1）问卷调查法（线下）

①抽样总体和调查对象

本书抽样总体为北京市、南京市、武汉市和昆明市的 16—70 周岁的城乡居民。

②抽样方法

本书采用多阶段分层随机的方法进行抽样。第一阶段：以 2014 年国家统计局发布的全国不同省域人均国民生产总值为数据来源，将排名在前十名的划分为一类地区，11—20 名的为二类地区，21—31 名的为三类地区。在三类地区中随机各抽取 1 个省（自治区、直辖市），即北京市、江苏省、湖北省和云南省，以省会城市为抽样地。

第二阶段：按 PPS 抽样方法，从每个抽样地市确定 1 个区作为城镇样本区，确定 1 个区作为乡村样本区。

第三阶段：按 PPS 抽样方法，从抽样区（县）所辖的街道和乡镇，确定抽样街道和乡镇，等量分配样本量。

③抽样分层和样本量

a. 样本分层

第一层：省（自治区、直辖市），共计 4 个；

第二层：城、乡，共计 2 个类别；

第三层：性别，共计 2 个类别；

第四层：年龄组，按 16—19 岁、20—39 岁、40—59 岁、60—69 岁，共

4 个年龄组。

b. 样本量

全体样本量共计 6720 人，四个城市等量分配样本量，每市各 1680 人（表 0-1）。

表 0-1　线下问卷调查抽样分布

地市名	城乡	区/县（县级市）	样本量（人）
北京市	城镇样本	朝阳区	840
	乡村样本	延庆区	840
南京市	城镇样本	鼓楼区	840
	乡村样本	溧水区	840
武汉市	城镇样本	江汉区	840
	乡村样本	新洲区	840
昆明市	城镇样本	盘龙区	840
	乡村样本	呈贡区	840

④问卷设计、发放与回收

调查问卷依据《第三次全国群众体育现状调查》使用的"中国城乡居民参加体育锻炼调查问卷"和罗旭的《我国全民健身服务体系的理论构建与运行机制研究》一书中所使用的"我国全民健身服务现状群众调查问卷"的内容①，针对我国全民健身活动指导的特点做适当的修改。

问卷内容主要分为三个部分：第一个部分为答题人的基本信息及锻炼情况，为 A1—B18 题；第二部分为健身意识及需求情况，为 C1—C13 题；第三部分为体育健身指导与志愿服务情况，分为社会体育指导员情况调查与体育志愿者情况调查，为 D1—D30 题（表 0-2）。

---

① 罗旭：《我国全民健身服务体系的理论构建与运行机制研究》，北京体育大学出版社 2006 年版，第 163—181 页。

表0-2　线下调查问卷内容

	内容	题号
受访者基本信息	性别、年龄、地区、受教育程度、职业、锻炼情况	A1—B18
健身意识及需求情况	法规了解程度、体育知识获取途径、参与动机、健身需求	C1—C13
体育健身指导与志愿服务情况	社会体育指导与志愿者的履职情况、培训情况	D1—D30

本书于2015年6—12月期间，对北京市、武汉市、南京市以及昆明市进行了问卷调查，问卷发放5880份，回收5837份，剔除无效问卷后5320份。有效回收率90%。实际有效调查样本的构成情况见表0-3、表0-4和表0-5。本问卷涵盖地域范围大，有效数目多，涵盖城乡，年龄范围广泛，数据真实有效。

表0-3　各市回收线下调查问卷份数分布

地区	N	百分比（%）
北京市	519	9.76
武汉市	842	15.83
南京市	2849	53.57
昆明市	1110	20.87

表0-4　线下调查对象年龄分布

年龄组	N	百分比（%）
16—19岁	1423	27.3
20—39岁	1266	24.3
40—59岁	1285	24.7
60—69岁	1231	23.7

表0-5 线下调查对象性别分布

性别	N	百分比（%）
男性	2565	48.7
女性	2706	51.3

⑤问卷信效度检验

问卷初步设计好后，邀请长期从事群众体育研究的教授、研究员及从事社会学科的研究人员对问卷条目进行审阅和修订，删除或修改不合理和意见不一致条目。问卷终稿邀请了5位相关专家（参与问卷修订的专家除外）对问卷内容效度进行评分，以10分为满分，最终平均分为8.23分，具有较高内容效度。问卷信度检验采用了重测法，随机抽取了总样本量的大约2%（105人）填写问卷，两周后再次填写同一份问卷，对两次的填写数据做信度相关分析，信度系数$R=0.78$，$P<0.05$，证明该问卷具有较好的信度。

（2）问卷调查法（线上）

①问卷设计

本书对问卷进行设计的主要目的是了解网络健身指导模式的应用现状、用户使用偏好及用户行为。问卷内容主要分为三个部分，第一部分为答题人的基本信息及锻炼情况，为1—9题；第二部分为整体健身指导网络模式的使用情况，为10—14题；第三部分为具体互联网健身指导模式的使用情况，分为健身指导网站、健身类App及可穿戴设备、网络社交媒体，为15—31题（表0-6）。

表0-6 线上调查问卷内容

	内容	题号
受访者基本信息	性别、年龄、地区、受教育程度、职业、锻炼情况	1—9
整体健身指导网络模式使用情况	接入设备、使用频率、获取媒介	10—14
健身指导模式使用情况	网站、App和社交媒体三个模式的具体使用情况	15—31

②问卷信效度检验

问卷初步设计好后，邀请长期从事群众体育研究的教授、研究员及从事社会学科的研究人员对问卷条目进行审阅和修订，删除或修改不合理和意见不一致条目。问卷终稿邀请了 5 位相关专家（参与问卷修订的专家除外）对问卷内容效度进行评分，以 10 分为满分，最终平均分为 8.12 分，具有较高内容效度。问卷信度检验采用了重测法，随机抽取了 15 人填写问卷，两周周后再次填写同一份问卷，对两次的填写数据做信度相关分析，信度系数 R＝0.81,P<0.05，证明该问卷具有较好的信度。

③抽样方法与样本量设计

本书的线上问卷调查抽样方法为在网络上进行简单随机抽样，抽样框是所有的健身网民。通过互联网获取体育健身指导的主要接入方式有网站、移动应用（App）和社交媒体，通过这三种模式，健身群众寻找健身指导信息进行健身活动。根据中国互联网络信息中心的研究结果表明，网民在网站、App 和社交媒体的使用率分别为 68.4%、88.9%、89.3%，由于这三种模式的重叠度非常高，特别是后两者基本涵盖绝大多数普通网民，因此本书不对这三种来源进行特别的目标区分。对应在抽样方法方面，就不对三者进行分层，也不用进行事后分层加权，但为了避免各模式回收样本量差异太大，仍设计了回收约 7∶9∶9 的比例。由于网站、App 下载和社交媒体的人群覆盖面特别大，因此委托了互联网科技公司在主要网站、App 下载入口和社交媒体入口进行调查，在调研执行时间范围内，对上网人群相当于进行简单的随机抽样。

在抽样调查活动中的抽样误差控制方面，抽样误差一般以方差或标准误差的形式给出。根据统计学公式估计所需的样本量，即：

$$n_0 = \left(\frac{t2/a}{2\Delta p}\right)^2$$

本书同样取 95% 的置信度，抽样误差控制在 2% 以内（由于实际执行过程中非抽样误差已经远远大于这个误差，因此在这个精度水平上进一步通过更大样本量提高抽样精度，减少抽样误差已经没有必要），因此：

$\alpha = 1-95\% = 0.05$，$t_{0.025} \approx Z_{0.025} = 1.96$，$\Delta_p = 2.0\%$，

根据保守样本量计算公式计算，得知样本量：

$n_0 = (1.96/2\times0.02)^2 = 2401$

由于中国健身网民总量非常大，因此可以认为简单随机抽样所需的样本量也是 2401。本书的设计样本量为 2401，由于实际执行中还会甄别数据质量剔除不合格问卷，因此最终实际执行得到的有效样本大致在这个量级就可以满足研究精度要求。

④抽样调查的执行方法

本书采用简单随机抽样方法，以网络电子问卷的形式在各网络平台上进行发放。我们首先建立了微信公众账号"运动知识汇"，再通过该公众号面向所有上网人群发布问卷调查，使受访者可以通过扫描二维码这种简单的方式进入答卷页面。对于电子问卷的执行，本书委托了互联网科技公司将问卷链接在三种互联网平台上，按设计比例回收。为了激励更多的有代表性的普通健身网民来填答，避免得到只有对问卷调查感兴趣的"主动"的样本，本书还设立了奖励政策，答卷完毕后可以随机领取现金红包奖励，根据执行公司反馈的以往的互联网调研执行管理经验，该额度也不能过高，否则同样会引起偏差，因此本研究设定为 0—5 元。

预计回收数据性别、年龄分布与有互联网使用行为人群的分布大体一致。在这种抽样执行方案设计上，如果样本结构基本符合预期的情况下，就相当于代表总体的一个简单随机抽样，可以不进行事后加权数据处理。直接使用 SPSS 统计分析软件分析即可有效推断总体。

⑤实际执行过程

a. 质量监控管理方案

在问卷发放的质量控制上，第一，答题前设置了甄别问题，如不是健身人群，则不予以进入问卷填写页面；第二，问卷设置了访问限制，每一个 IP 地址仅能填写一次；第三，设计了最少答题数目和规定了最短答题时间；第

四，根据问卷逻辑采取了自动跳转的方法，且添加了在用户提交答卷时自动提醒用户未填写完整题项的功能。因此保证了数据来源的质量。补充数据调查时，我们在公园中随机选择中老年人进行调查，首先询问年龄、是否有健身行为和是否上网，如果符合年龄 50 岁以上且有健身行为的网民，则再请其扫描二维码填写问卷。所有公园补充的问卷也都通过电子问卷的形式回答，研究人员可以实时查看问卷进度。

b. 执行中期评估样本质量

预计调查时间为 2016 年 11 月和 12 月，研究人员可以实时监控问卷的发放情况，在问卷发放四周后，回收 2635 份问卷时反馈数据显示的人群分布男性占比 54.4%，女性占比 45.6%。但在年龄分布上 50 岁年龄组人群仅有 11 例。由于执行得到的样本略有偏差，经过数据分析后决定适当追加该人群的样本，方法如下所述。

⑥追加补充样本量

为了补充高年龄组的样本量，本书采用了另一个方法寻找补充目标样本。由于目标是健身网民，因此和从网民中找健身人群相似，同样也可以在健身人群中甄别抽出符合年龄 50 岁以上网民的人群。具体通过在北京市五棵松公园、奥林匹克森林公园设立问卷点，在入口处抽样专门寻找 50 岁以上的健身网民，邀请扫描二维码在线填写问卷。选择这两个执行调查地点的原因在于这里人流量较大，有利于补充样本中所缺少的数据。按预计 6% 来计算，设计公园扫码样本量约为 160 人。在研究设计上由于需要补充的样本量不多，如果和前面执行得到的样本在人群结构特征上偏差不大，就可以在数据处理上直接合入总样本进行后续的分析。

⑦结束调查

至 2016 年 12 月底，回收数据人群分布仍然未达到预定目标，由于研究条件限制，我们停止了数据的收集。最终通过上述两个追加补充调查点扫码获取 50 岁以上健身网民的问卷为 97 份，其中有效问卷为 81 份。通过网站接入的受访者为 25.4%，App 接入的为 34.7%，社交媒体接入的为 39.9%。

本次问卷调查共回收 3767 份，所有回收问卷通过两个平行题目测量同一被试所得结果的一致性程度，排除因偶然因素造成含有随机误差的问卷，所得有效问卷 3615 份，回收率为 95.9%。其中有健身指导网络模式使用行为的有 2413 人，最终确定这些样本是本书研究健身指导网络平台使用行为的主要研究对象，最终抽样分布如表 0-7 所示。

表 0-7　线上问卷调查抽样人群分布

		网络平台		数据补充		总计	
		N	占比（%）	N	占比（%）	N	占比（%）
性别	男	1910	54.0	35	43.2	1945	53.8
	女	1624	46.0	46	56.8	1670	46.2
年龄	19 岁及以下	193	5.5	0	0.0	193	5.3
	20—29 岁	1993	56.4	0	0.0	1993	55.1
	30—39 岁	1049	29.7	0	0.0	1049	29.0
	40—49 岁	288	8.2	0	0.0	288	8.0
	50 岁及以上	10	0.3	81	100.0	91	2.5

3. 个案分析法

个案分析法是一种常用的定性研究方法，该方法主要结合实际，以个案为典型，通过具体深入的分析了解其特性，以此来推导整体情况。

线下调查：本书通过对四市的全民健身活动指导体系的现状和不同社会阶层体育健身行为、观念等的详细描述与分析，发现影响因素，揭示因素间的关系，从而为构建全民健身活动指导体系提供印证。

线上调查：本书在研究过程中选取了具有代表性的网站、账号等进行深入分析，探寻其特点以及如何进行传播。

4. 访问调查法

本书采用结构式访问和非结构式访问相结合的方式（访问问卷见附录

2），以对全民健身活动指导体系的管理现状、存在的问题、改进的建议为重点，分别对国家体育总局和 31 个省、自治区、直辖市及部分行业体协和教育部门的群众体育管理人员进行调查，共访问调查 72 人次。结构式访问问卷回收率为 100%，有效问卷为 100%。

5. 系统分析法

系统分析法既是研究复杂事物内在规律的有效工具，又是考察客观世界变动发展内在机制的科学思想。本书从系统论的观点出发，将我国全民健身活动指导体系的构建与运行机制视为一个整体进行审视。

6. 比较分析法

比较分析法是对同类事物各个侧面、不同事物进行对比，分析其相似点和差异点，从而判断其优劣的一种逻辑方法。本书正是遵循比较分析的基本要求，进行全民健身服务体系的横向和纵向比较，从而揭示问题实质。

7. 数理统计法

一门学科是否采用数学是这门学科成熟程度的标志。从近几十年的发展来看，甚至社会学的理论创新，也很大程度上依赖于新的统计技术的发展。本书综合运用了描述性统计、方差分析、相关分析、线形回归分析等统计学方法，力求在理论分析的基础上结合数理分析阐述和支撑观点。数据资料采用 SPSS11.5 软件进行处理。

第一章　全民健身活动指导体系概述

第一节　全民健身活动

一、全民健身活动的定义

在给全民健身活动下定义之前，我们首先了解一下全民健身的由来。在 1995 年以前，在与体育有关的资料中，与竞技体育相对应，都有群众体育或社会体育的记述，包括学校体育、农民体育、职工体育、老年人体育、残疾人体育等，并没有全民健身的论述。1995 年国务院发布了《全民健身计划纲要》，第一句话就是"为了更广泛地开展群众性体育活动，增强人民体质，推动我国社会主义现代化建设事业发展，特制定本纲要"。之后，有关群众体育或社会体育的论述基本上都被全民健身所取代。在官方的文件中出现的"全民健身"，其所包含的内容就相当于以前的群众体育（社会体育）。

从《纲要》来看，全民健身计划以全国人民为实施对象，以青少年和儿童为重点。从《纲要》中全民健身所涉及的范围来看，主要是单位体育和不同人群的体育活动。从 2009 年颁布的《全民健身条例》来看，全民健身活动主要是不同类型的组织活动，有单位运动会、校运动会；全国性和区域性的群众体育比赛活动；围绕节假日的各种活动等，如 8 月 8 日的全民健身日、传统节日和农闲季节组织开展的全民健身活动。

那么，对全民健身如何定义呢？李相如、苏明理在他们主编的《全民健身导论》一书中，从狭义和广义两方面对"全民健身"进行了解释。从狭义的角度来看，在对象和方法上，全民健身是指全体人民为了增强体质，采取不同的手段、方法达到健身的目的。从广义的角度来看，"全民健身"已经被演化、延伸为"中国特色的大众体育"，内容包括全民健身活动的法规法律、全民健身活动的组织、全民健身活动设施与资源开发、全民健身活动分类与基本内容、中国社会体育指导员、市民健身、农民健身、学生健身、特殊人群健身、全民健身效果评价以及全民健身的国际借鉴等。同时在该书中，也从广义和狭义两方面对全民健身活动下了定义。广义的全民健身活动指国民参与的体育活动系统。它包括体育锻炼（项目）、体质检测、群众体育运动竞赛及其相关的体育文化活动。狭义的全民健身活动是指健身者日常参加的体育锻炼。

陈宁在他主编的《全民健身概论》中，认为健身活动是一个以增进健康、增强体质为目的的身体活动过程。它可以有组织地集体进行，也可以单个进行。它不以追求竞赛的成绩为目标，但有时也通过竞赛的形式来交流锻炼的经验，检查锻炼的效果。健身活动只是在全面身体活动和锻炼的基础上，选择自己兴趣的项目或最适合自己身体健康状况的活动形式，也可能是最简单的动作，反复练习，持之以恒。其目的是为了在原有基础上不断提高健身效果，不断提高或保持人体的机能。全民健身活动的最终目的是促进人的全面发展，突出人的培育工作。有的学者还提出，体育健身活动是人的社会实践活动，等等。

根据《现代汉语词典》第五版，结合本书的内容，"活动"一词在这里有两层意思：一是指（肢体）动弹、运动；二是指为达到某种目的而采取的行动。笔者认为，"全民健身活动"中的"活动"不仅包括个人自身的运动、锻炼，还包括有组织、有计划地举办具有一定规模与体育有关的行动。

综上所述，虽然人们对关于全民健身活动的表述各不相同，但全民健身活动的内涵却是比较清楚的：①时空意义上——指人的健身活动时间在特定空间的指向；②行为意义上——指人的健身活动满足的指向；③生命意义上——指生命自我处在一种自由、自主的生存状态；④意识活动意义上——指人的闲适精神的实现。客观条件：一段时间，一项活动，一种心境；主观条件：身心感受，一定的机能，内在的动机。

因此，本书认为全民健身活动是指政府倡导、社会参与，全体人民参加的以增进身心健康为目的，以身心运动为特征和基本手段的一种表现形式。

二、全民健身活动的分类

全民健身活动的内涵和特点决定了全民健身活动丰富的外延，全民健身活动的分类形式较多，角度不同，分类的方法也不一样。李相如、苏明理从十个角度对全民健身活动进行了分类，分别是按照全民健身活动的内容、组织规模、性别、体育消费、目标优先级、是否使用体育器材、参与人群活动地域、广义与狭义的健身活动、参与锻炼人群的年龄特征以及运动项目的运动强度进行划分的，这十种类型适应了不同人群的健身需求。田野根据运动形式、机体代谢特征和健身效果对运动形式进行分类，分别是有氧耐力练习、中国传统体育、力量练习、有氧体操、球类运动。汪流等根据活动的性质，把全民健身活动分为三种：中央到地方各种大型的带有一定展示、示范、表演性质的全民健身活动，从中央到地方各类群众性体育竞赛活动，经常性群众体育健身活动。

综合各家意见并结合本书的研究，根据我国社会改革的发展趋势以及组织财政来源和管理方式、活动的层次的不同，全民健身活动可分为三个层次（表1-1）。

表 1-1　全民健身活动的层次、类型及其特点

层次	性质	活动类型	特点
1	政府主导	大、中型综合性活动	优点： 内容丰富、全面，组织性强，影响广泛，受众人群多。 缺点： 具体直接接受指导的人数有限，活动次数有限。
2	社会团体或组织	大、中、小型综合性或单项活动	优点： 形式多样，普及面较广，针对性和专业性较强。 缺点： 具体直接接受指导的人数有限。
3	自愿组织（含个人）	小型单项活动	优点： 适应市场需求，自愿性、针对性和灵活性较强。 缺点： 业余、松散。

　　第一个层次：从中央到地方由政府主导的各种全民健身活动和各类群众性体育竞赛活动；从中央到地方由政府主导的各种大型的带有一定展示、示范、表演性质的全民健身活动。如全国性的体育活动，国家体育总局科研所、国家国民体质监测中心举办的"科学健身中国行"全国运动健身科学指导系列活动等。区域性的体育活动，有长三角的体育大联动，北京市科委举办的"北京科技周中的健身指导活动"，苏州的"全民健身节"等。各类群众性体育竞赛活动，如国家体育总局和各地举办的全民健身大会等。

　　第二个层次：社会团体或组织开展的各种全民健身活动和群众性体育竞赛活动，包含两个类别。一是全国或地方体育社会团体和各体育单项组织开展的活动。如由中国体育科学学会举办的"健康伴我行：科学健身，打造健康人生"；由中国奥委会市场开发部、中国滑雪协会联合主办的"奥运健儿公益服务大行动"雪上活动以及由中国田径协会审批的各类马拉松比赛等。二是非体育类社会组织（工会、社区、企事业单位等）开展的活动。如上海市总工会承办世界著名在华企业健身大赛，上海汽车工业集团总公司举办的职工健身运动会，由北京博克森集团打造的"谁是拳王"争霸赛，就属于普

通百姓的民间赛事活动。

第三层次：自愿组织（含个人）开展的经常性群众体育健身活动。如在社区的广场、公园自发形成和开展的各种健身活动。

三、全民健身活动的特征

我国人口众多，地域辽阔，东西南北中，随着经济发展规模的不同，民俗传统的不同差异，全民健身活动表现出不同的特征。特别是近几年随着中央重视全民健身活动的开展，全民健身活动更是呈现出百花齐放的景象。归纳起来主要有如下几个方面的特征：科学性、健康性、普遍性、多样性、系统性以及休闲娱乐性。

（一）科学性

随着社会体育指导员队伍的不断扩大，体育志愿者的大量涌现，网络特别是移动网络的普遍使用，以及政府的大力宣传，国民体质监测的规范化，各种带有健身指导和监测俱乐部的普及，全民健身活动开展由盲目的锻炼发展到越来越科学化的进行。据国家体育总局发布的《2007年中国城乡居民参加体育锻炼现状调查公报》显示，在参加体育锻炼人群中，有33.3%的人接受过体育锻炼方面的指导。国家体育总局发布的《2014年全民健身活动状况调查公报》显示，接受指导的人数占总体的56.9%，与2007年相比，提高了23.6个百分点。其中6—19岁的儿童青少年在校外参加体育活动接受指导的占比为84.6%，在20岁以上人群中，城乡居民参加体育活动接受过体育活动指导的占比为48.0%。科学健身指导在体育活动中的科学性和重要性显得越来越重要。

（二）健康性

全民健身活动的健康性，有两层含义：一层是体育活动具有强身健体、愉悦身心的作用，通过身体锻炼可以达到身体与心情的和谐统一，进而起到促进身体健康的目的；另一层是一些慢性病，如糖尿病患者经常参加体育活动，是其预防和改善疾病的有效方法之一。现在国家提倡的"加强体医融合和非医疗健康干预"，也是充分"发挥全民科学健身在健康促进、慢性病预防和康复等方面的积极作用"。

（三）普遍性

"汇纳各个人种和民族，涵盖所有阶层和人群，包容不同年龄和性别。"据《2014 年全民健身活动状况调查公报》显示，我国城乡居民体育活动的参与度大幅提高。与 2007 年相比，2014 年我国城乡居民经常参加全民健身活动的比例是 33.9%（含儿童青少年），增加了 5.7 个百分点。2014 年，在全国有 94.6%的 6—19 岁的儿童青少年每周参加 1 次及以上体育锻炼（包括体育课、课外体育活动及校外体育锻炼）；有 4.1 亿 20 岁及以上城乡居民参加过体育锻炼，有行政、企事业单位负责人，专业技术人员，办事人员，商业服务人员，农林牧渔水利人员，生产运输操作人员，退休、家务和待业人员等。从调查的数据来看，无论男女老幼都参与了进来。全民健身活动已经成为广大人民群众健康生活方式不可或缺的重要内容之一，也显示了全民健身活动广泛开展的特征。

（四）多样性

无论政府举办的大型全民健身活动，还是社区公园等地方自发开展的各种体育活动；无论现代化的一线城市的单位还是老少边穷地区开展形式多样的体育活动，从全民健身活动的分类我们可以看出，有冰雪，有户外，有传统，有现代等适合不同人群、不同地域特点的特色运动项目。据《2014 年全民健身活动状况调查公报》，6—19 岁的儿童青少年参加体育活动主要是以体育游戏、长跑为主，同时广泛地参加篮球、跳绳、羽毛球、乒乓球等项目；20 岁及以上人群以"健身走"和"跑步"为主。与 2007 年相比，采用"健身走"和"广场舞"进行锻炼的人数比例增加幅度较大，分别提高了 12.8 个百分点和 3.9 个百分点。由此可见，城乡居民参加体育活动由原来过多集中在健身走和跑步上，已逐渐转向广场舞、各类球类项目上，体现了我国城乡居民参加体育健身活动的多样性。这充分说明了随着我国社会经济的快速发展，群众体育活动形式多样，内容繁多。

（五）系统性

全民健身活动表现在两个方面：一是组织的系统性，如全民健身活动是一项由国家领导，社会支持，全民参与，有目的、有步骤、有措施的系统工程；二是全民健身活动自身的系统性，如每一项活动基本上都是由开始的热身，然后逐渐达到高潮，之后再进行整理，恢复到原来的状态。

（六）休闲娱乐性

体育不仅有健身强体的作用，同时也有休闲娱乐的功能。随着我国城市化的发展，大众生活水平的改善和提高，闲暇时间也不断增多，体育的休闲娱乐功能也逐渐作为人们参与体育的选项之一。通过体育的休闲娱乐，不仅可以减轻平时的生活和工作压力，同时也可以愉悦身心，促进身体的身心健康。现在把体育作为休闲娱乐的人越来越多。据《2014 年全民健身活动状况调查公报》显示，20 岁及以上城乡居民参加体育活动的主要目的，提高身体素质占 35.6%，消遣娱乐占 17.4%，增加体力劳动占 16.0%。消遣娱乐作为全民健身活动的主要目的排在第二位。以消遣娱乐作为体育活动目的群体中，20—29 岁群体的人数百分比最高，为 21.2%。全民健身活动的休闲娱乐性功能已经是人们的主要目的之一。

四、全民健身活动的内容

随着社会的发展和科学技术的进步，全民健身活动的普及与提高，体育活动项目在不断地更新和发展。据相关资料显示，目前已知的全民健身活动项目有 3500 多种。

从运动健身方式来看，属于有氧耐力练习的有健身走、健身跑、登山登楼、骑自行车、跑台跑步、游泳等运动形式；属于中国传统体育的有太极拳、太极剑、木兰拳、木兰剑、武术套路、五禽戏、八段锦等；属于力量练习的有全民健身路径中力量练习器械、健身俱乐部各种力量器械练习等；属于有氧体操的有秧歌、有氧健身操、有氧舞蹈等；属于球类运动的有篮球、足球、排球等；属于智力项目的有象棋、围棋、国际象棋、扑克、航模等；专业性强技术要求高的培训类项目有射击、射箭、拳击、击剑、皮划艇、蹦床、柔道、赛艇、摔跤、帆船（帆板）、跳伞等。

一般来说，从内容上来看有个体健身活动内容、商业健身参与者健身活动内容和集体组织的竞赛活动内容。本书根据全民健身活动内容的特点，认为从内容上来看，全民健身活动主要包括两个方面，一是个体健身活动内容，二是集体组织的全民健身活动，包括竞赛活动内容。

第二节　全民健身体系

"全民健身"是我国群众体育在举国体制下的具体体现，强调体育运动的"全民性"和"健身性"。学者们对"全民健身体系""全民健身服务体系""公益性全民健身服务体系""多元化全民健身服务体系"等有不同概念的研究表述。① 其中"全民健身体系"是指为满足广大人民群众日益增长的健身需要，与国家政治、社会现状相适应的，有组织的，且功能齐全的社会体育基本保障体系。② "全民健身服务体系"是在我国大力推进服务型政府建设时代背景下提出来的，比全民健身体系更明确地提出了服务型政府在开展全民健身事业中发挥的职能以及把握发展方向所起的积极作用，是新形势下对全民健身体系的诠释，是对全民健身体系更进一步的发展。③ "公益性全民健身服务体系"是以政府主导，以注重社会公共利益为首要目标，为广大群众提供的体育健身服务的保障体系和服务体系。"多元化全民健身服务体系"是以满足不同层次、不同区域和不同群体多元化的体育健身需求的保障体系和服务体系，是为了完善体育管理体制而提出来的。

目前，全民健身服务体系与全民健身体系、多元的体育服务系统、多元化体育服务体系以及群众体育服务体系等概念在使用上多有混杂。鉴于新形势下我国经济社会发展以及体育事业改革发展的要求，有必要正确理解全民

---

① 如董新光认为"全民健身体系"是"一个能够有效支持广大人民群众积极参与体育健身活动、满足广大人民日益增长的体育健身需求，有效保障国民体质和健康水平得到普遍提高的社会化保障系统"；

裴立新认为"全民健身体系"是"一个以人为本，面向全体国民，定位基层，以组织管理、物质保障、体育活动三大关键环节为基本构架，以若干保证、支系统构成的一个可满足多元需求，服务与管理并重、结构完善、层次分明、功能有效的开放的系统"；

罗旭认为"全民健身服务体系"是"体育健身服务的供给主体满足接受服务对象需求的互益过程中采用的一切软技术和硬技术的集合体，存在公共服务和市场服务两种模式"；

肖林鹏等人认为"全民健身服务体系"是"指为满足公众健身需求而提供的公共体育服务，它是公共体育服务的一种形式"；

杨冰等人认为"公益性全民健身服务体系"是"政府、市场或社会组织兴办的，为广大居民提供非营利性的体育健身服务保障和服务体系。公益性全民健身服务体系从属于全民健身服务体系，是全民健身服务体系发展过程中的完善和修补"；

周慧认为"多元化全民健身服务体系"是"在政府的倡导下，在社会各方的参与下，遵循'以人为本'的原则，以满足不同区域、不同人群多元化的体育健身需求，使全体国民健康素质得到明显提高为目的，为全体国民参与体育健身提供良好的健身环境和条件的、具有益性的服务系统"；

杨英认为"构建社区体育多元化服务体系"是"针对社区居民不同的体育价值取向，通过政府扶持，各种社团、机构、志愿者提供，最终形成的由多层次、多种类具有社会福利和公益性的社会体育服务的整体组织架构"。

② 陈江、李岩飞：《全民健身公共服务体系框架构建研究》，《当代体育科技》2015年第29期。

③ 肖林鹏：《论全民健身服务体系的概念及其结构》，《西安体育学院学报》2008年第4期。

健身服务体系的概念，同时还必须把握全民健身服务体系的运行规律。另外，在相关文献研究中，也出现了"公共体育服务体系"与"体育公共服务体系"两个不同概念的同时使用，随着国家相继出台有关"公共文化服务""公共卫生服务"的法规政策，"公共体育服务"的概念逐渐取代了"体育公共服务"，并得到体育学术界的普遍认可。①

全民健身体系与全民健身公共服务体系是两个不同的概念。现在学者一般认为，"全民健身体系是指为满足广大人民群众健身需要，与国家整治、社会现状相适应的，有组织且功能齐全的社会体育保障体系"，简单理解就是国家根据实际发展需要提供一套可以满足大众体育健身诉求的管理保障体系。

有关全民健身体系基本框架的研究较多，但尚没有统一的认识，综其内容也多有重叠，其中裴立新的结构比较具有代表性。他将全民健身体系基本框架分为十大板块，分别是体育活动（健身活动、竞赛活动），物质保障（资金投入、场地设施、体质监测），组织领导（行政管理、群体社团、骨干队伍），法规制度，健身方法，科学研究，表彰奖励，评估检查，舆论宣传，信息网络。

全民健身公共服务体系是在党的十六大召开后，我国服务型政府的理念提出后被学者提出来的，虽然目前在我国很多地区得到了广泛使用，但是其内涵却尚未有明确的界定，学术界比较公认的看法是周惠等提出的"能够满足人们日益增长的体育健身需要，结合社会主义市场经济体制下的社会体育健身保障体系"，本身是属于全民健身体系的一个重要组成部分，是全民健身体系的保障与服务体系。

因此，所谓的全民健身公共服务体系是一种满足广大居民体育健身需要的社会服务与保障系统，能够根据社会发展状况，延伸出符合当前实际需要

---

① 骆运：《广州社区公共体育服务体系建设现状研究》，硕士学位论文，广州体育学院，2013年，第4页。

的服务体系。从概念从属上来看，是全民健身体系的次级概念，是全民健身体系的一部分，共同为全民健身的公共服务事业提供帮助与支持。①

全民健身体系主要强调的是广大人民群众，以满足人们日益增长的体育需求的基本的保障系统。全民健身公共服务体系比全民健身体系更明确地提出了服务型政府在开展全民健身事业中，发挥职能和把握发展方向的积极作用②，是在新形势下对全民健身体系进一步的诠释和发展。

多元化全民健身公共服务体系是以政府为主导，各社团、机构和组织为辅的，以满足不同层次、不同区域群众的体育健身服务的保障和服务体系。多元化全民健身公共服务体系不仅以政府主导为主，还依托市场、社团自发组织，它是以满足不同区域和不同群体多元化的体育健身需求的服务系统，为了完善体育管理体制而提出来的。

从全民健身体系、全民健身公共服务体系到多元化全民健身公共服务体系是一个不断发展的过程，也是一个由"简单"到"复杂"，从"一元"到"多元"的不断完善的科学化、系统化过程。③ 这也反映了国家在不同历史时期对"全民健身事业"的重视程度和决策思路的变化。这些正式"概念"的提出，也为学术界对有关全民健身服务体系的研究提供了理论依据和政策支持。

依照群众体育本质的发展规律，我国全民健身的根本任务以及人民群众的健身需求，根据我国全民健身的现实特点和实施"全民健身计划"的经验，我们所构建的全民健身体系是一个由能够为不断满足人民群众的健身需求、改善社会的健身环境条件、明显提高全民族健康素质、提供服务和保障的要素和关系构成的整体。其实质就是把影响全民健身的多种相互制约、相互作用的事物整合成一个有机整体，使健身资源配置最优化、体育管理规范

① 陈江、李岩飞：《全民健身公共服务体系框架构建研究》，《当代体育科技》2015 年第29 期。

② 《论全民健身服务体系及其运行机制》，肖林鹏、孙荣回主编：《全民健身科学大会》，2010 年，第24 页。

③ 汪波、李慧萌：《论多元化全民健身服务体系的概念与结构》，《体育科学》2011 年第 2 期。

化、服务效益最大化，从而保障广大人民群众享有基本的健身服务。为了实践这一任务，我们要不断地认真总结经验，科学地全面地分析社会的经济、社会环境，以与时俱进、开拓创新的科学态度来构建全民健身体系。[①]

第三节　全民健身活动指导体系

一、全民健身活动指导体系的概念

这一概念需要明确三个内容：全民健身活动、指导和体系。前面已经谈了全民健身活动的概念。《现代汉语词典》第五版对"指导"的解释：一种是指示教导，指点引导；另一种是体育运动的教练员。另外，从心理学的角度来看，指导是个体心理咨询技术之影响性技术之一，是指心理咨询师直接指示求助者说某些话、做某件事或以某种方式进行活动。[②] 指导是影响力最明显的一种技巧。从管理学的角度来看，指导与管理密切相关。"管理"是指一定组织中的管理者、领导者通过计划、组织、控制等多种方法和手段，使组织实现既定目标的动态过程，组织、管理是任何一种组织生存发展的有效资源配置和协调手段。因此，一个合理有效的管理方式对于全民健身活动的发展以及效率的提高有着至关重要的作用，它贯彻全民健身活动的始终，从活动的策划、布置、协调到活动的进行，以致活动结束后的善后管理，都离不开组织管理。

我们再看一下《现代汉语词典》第五版对"体系"的解释：是指若干有关事物或某些意识互相联系而构成的一个整体。如工业体系、思想体系等。泛指在一定范围内或同一类的事物，按照一定的秩序或内部联系组合而成的一个整体。因此，对于全民健身活动指导体系的内涵的界定，不仅要能正确反映出现实大众健身的发展需求，还要能准确、清晰地揭示群众体育工

---

① 裴立新等：《全民健身体系若干问题的研究》，《体育与科学》2004年第5期。
② 叶一舵：《现代学校心理健康教育研究》，开明出版社2003年版，第47—53页。

作的基本思路。①

目前，国内对有关全民健身活动指导体系概念的界定还很少看到，具有代表性的有两个。一个是于军的概念，他以微观的角度，从指导体系构成的要素对体系的概念进行了阐述，认为全民健身活动指导体系应包含体育社会指导员队伍建设，健康咨询，健身指导和体质监测。也可以说是对体系的构成进行了论述。另一个是裴立新的概念，他从宏观的角度对全民健身活动指导体系的概念下了定义。从八个基本功能方面，即社区体育活动指导、广场体育活动指导、公园体育活动指导、家庭体育活动指导、单位体育活动指导、医疗保健类体育活动指导、全民健身表演活动指导以及全民健身比赛活动指导，对体系的构成进行了描述。

本书认为全民健身活动指导体系应包含以下两个方面的含义。一是顶层设计意义上的指导体系，即是指在增强人民体质、服务人民全面健康的思想指导下，对全民健身活动进行全过程、全方位、立体的设计和思考，明确全民健身活动的指导思想、原则、目标、组织、策略、内容、方法和流程，以及全民健身活动赛事开展的基础条件、规则、标准和要求等，形成一个指导全民健身活动开展的标准性文件。它是全民健身活动开展的抓手和工具，从设计上可以分为国家级、省级、市级和县级的全民健身活动指导体系。二是结果呈现意义上的指导体系，即是指通过在全国各地不断开展全民健身活动，最终共同呈现出来的是一个层次清晰、结构合理、类型多样、各具特色、覆盖全面的全民健身活动的一个有机整体。

通过综合分析以上各方面的信息，本书认为：全民健身活动指导指在全民健身活动中对运动参与者进行的指导。指导包括直接指导和间接指导。直接指导即面对面进行的指导，如有关全民健身相关知识、信息的传达、健身方法、技术的教授等；间接指导即通过环境、媒介进行的指导，如通过视频、文字、图片、移动互联网等形式进行的健身相关知识，信息传播、发布

---

① 汪波、李慧萌：《论多元化全民健身服务体系的概念与结构》，《体育科学》2011 年第 2 期。

以及教学指导等，也包括健身知识、技能的传播，场馆、教练的资源配置以及实时运动指标数据的反馈等。

全民健身活动指导体系指两个或两个以上同一类型或性质的以指导全民健身活动为主要目的，通过计划、组织、控制、咨询等多种方法和手段的组织或个人相互联系、相互交叉所形成的多层次、多功能的指导体系或网络。

全民健身活动指导体系是一个独立的系统，从组织管理到实施指导到最后的保障机制，每一环都关系科学的指导是否能顺利进行。完善的全民健身活动指导体系应该包含法规制度、组织管理、人才培养、活动指导和奖励机制等。

二、全民健身活动指导体系的构成要素

一般来说，任何一种管理活动都是由四个方面组成：①管理的主体，即指由谁管；②管理的客体，即指管什么；③组织目的，即指为何而管；④组织环境或条件，即指在什么情况下管。法国的著名管理学者法约尔最初把管理分为五种基本职能，即计划、组织、指挥、协调和控制。[①] 后来，又有学者把人员配备、领导激励、创新等也加了进来，共分为七类，即决策、计划、组织、人员管理、指导与领导、控制、创新。

根据上述理论，全民健身活动指导体系至少应包括决策内容、组织机构、人员的培养和管理、科学研究和科普推广以及信息化的通道五个方面。

第一，决策内容。包括政府发布的政策、法规、规章以及正式文件等。通过政府部门发布权威性的有关全民健身相关的内容，引领和指导全民健身活动的发展。

第二，组织机构。主要是政府的组织机构、社会团体以及企业等。通过三方搭建科学健身指导平台，对大众健身进行科学的指导。

第三，人员的培养和管理。主要包括体育社会指导员、体育志愿者、各

[①]　黄国庆、巢莹莹：《管理学概率》，清华大学出版社 2014 年版，第 28 页。

类体育管理干部、体育教师和各种性质、类型的俱乐部教练员、运动处方师等以及相关的培训、考核、组织体系等。

第四，科学研究和科普工作。主要是指科学健身的理论与方法、健身发展战略规划、科学研究的成果及科学知识等为科学健身指导提供素材，并通过科普宣传进行推广。

第五，信息化的通道。包括互联网、报刊、电视等。由于信息化新技术、人工智能的快速发展，为科学健身指导带来了极大的便利，上述四个方面都无法离开信息化这一渠道。该通道虽然作为全民健身活动指导体系构成要素之一，但是并没有单独列出来，而是融入以上四方面的内容中进行论述。

三、全民健身体系与全民健身指导体系的关系

群众体育活动是全民健身体系中群众实际参与健身的环节，全民健身体系的其他环节都是为了保障群众体育活动的顺利进行而围绕展开的，作为群众体育活动中的先导环节，健身指导又对群众健身起到至关重要的作用，它是群众健身科学性的"指导者"，是获得良好健身效果的重要保证，因此，全民健身指导体系是全民健身体系的重要组成部分，是关乎群众实际健身效果的关键环节。

第二章　我国全民健身活动指导体系现状

第一节　健身活动群体现状

一、基本情况

如表 2-1 所示，从运动群体性别分布来看，男性运动率为 86.2%，女性运动率为 83.3%，男性比女性高出 2.9%，且他们之间具有显著性差异。从年龄分布来看，运动率最高的年龄阶段是 16—19 岁，为 90.5%，其次是 40—59 岁，为 88.5%。整体来看，各年龄阶段运动率波动幅度约 10 个百分点，卡方检验结果显示 P<0.05，说明不同年龄段是否运动具有差异性。从受教育程度来看，大专及以上占比最高，为 91.9%，其次是高中或中专，为 90.1%。从结果可以看出，随教育程度增加，运动率也有增加趋势，且卡方检验 P<0.05，说明各教育程度之间差异具有显著性。从地域分布上来看，城镇群体运动比例最高，为 89.2%，且卡方检验 P<0.05，说明城乡之间运动率差异具有显著性。从职业差异来看，各职业运动率均在 60% 以上，卡方检验 P<0.05，说明各职业间运动率存在显著差异。

表 2-1 调查对象运动群体分布

项目		是否参加过健身活动				
		否（%）	是（%）	总计	x^2	P
性别	男	35（13.8）	2204（86.2）	2556	8.789	0.003*
	女	451（16.7）	2247（83.3）	2698		
年龄	16—19岁	135（9.5）	1286（90.5）	1421	113.454	0.000*
	20—39岁	199（15.8）	1061（84.2）	1260		
	40—59岁	148（11.5）	1135（88.5）	1283		
	60—69岁	285（23.2）	939（76.7）	1224		
城乡	城镇	343（10.8）	2826（89.2）	3169	103.725	0.000*
	乡村	425（21.1）	1585（78.9）	2010		
文化程度	未上过学	72（53.3）	63（46.7）	135	397.631	0.000*
	小学	174（34.4）	332（65.5）	506		
	初中	253（18.5）	1118（81.5）	1371		
	高中或中专	191（9.9）	1746（90.1）	1937		
	大专及以上	99（8.1）	1124（91.9）	1223		
职业	国家与社会管理者	19（5.8）	307（94.2）	326	448.194	0.000*
	经理人员	19（19.4）	79（80.6）	98		
	私营企业主	47（17.7）	218（82.3）	265		
	专业技术人员	23（7.7）	275（92.3）	298		
	办事人员	46（6.8）	627（93.2）	673		
	个体工商户	62（14.7）	359（85.3）	421		
	商业服务业工作人员	29（12.1）	210（87.9）	239		
	产业工人	56（11.2）	445（88.8）	501		
	农业劳动者	349（36.5）	608（63.5）	957		
	城乡无业、失业者	86（12.9）	580（87.1）	666		
	学生	57（7.8）	670（92.2）	727		

注：*表示 P<0.05，存在显著差异。

根据调查结果，每周健身仅有 1—2 次的占绝大多数，为 30.8%，约 41.0% 的人选择在晚上健身，17.0% 的人单次健身时长在 30 分钟到 1 小时之间。

表 2-2 调查对象每周健身次数分布

每周锻炼次数	N	百分比（%）
1—2	1380	30.8
3—4	1193	26.7
4—5	730	16.3
5 次及以上	565	12.6
不一定	608	13.6

表 2-3 调查对象健身时长分布

健身时长	百分比（%）
30 分钟以下	11.0
30 分钟到 1 小时	17.0
1 小时以上	72.0

表 2-4 调查对象健身时间段分布

健身时间	N	百分比（%）
早晨	1361	30.3
上午	514	11.4
中午	134	3.1
下午	640	14.2
晚上	1843	41

根据《2014 年全民健身活动状况调查公报》中对经常锻炼的定义，即

每周锻炼 3 次以上，每次时间在 30 分钟以上，每次锻炼强度达到中等及以上的人，称为经常锻炼的人。本次调查中，达到经常锻炼标准的人数为 954 人，占比为 26.6%（表 2-5）。

表 2-5　调查对象中经常锻炼达标人数分布

经常锻炼	N	百分比（%）
否	2632	73.4
是	954	26.6

在健身场所的选择中，有 43% 的人有固定的健身场所，同时有 42.8% 的人的健身场所不太固定，仅有 14.2% 的人时常变换自己的健身场所。大多数人选择的健身运动的场所是免费的，约 85.8% 的人选择了公园、广场，76.1% 的人选择免费的公共体育场所，60.7% 的人选择住宅区空地。

表 2-6　调查对象健身运动的主要场所分布

健身运动场所	N	百分比（%）
公园、广场	2367	85.8
单位的体育场所	887	32.2
免费的公共体育场所	2099	76.1
收费的公共体育场所和健身场所	507	18.4
住宅区空地	1675	60.7
公路、街道	739	26.8

表 2-7 显示，在健身运动的方式选择上，绝大多数人会选择独自健身（63.5%），与家人一起（71.8%）或者与朋友、同事一起（81.9%），这种健身方式主要体现了个体性。而相关部门组织的活动的参与率普遍偏低。而消费支出项目中占大部分的是购买运动器材（66.3%），作为对比的是，仅

有 19.1% 和 17.2% 的人会选择支付运动指导费与场地、器材租赁费，这体现了一个全民性的健身活动的硬件基础设施并没有得到充分的重视与建设（表2-8）。

表 2-7　调查对象健身运动的主要方式分布

健身运动方式	N	百分比（%）
独自	1759	63.5
与家人一起	1989	71.8
与朋友、同事一起	2270	81.9
参加单位组织的活动	717	25.9
参加社区组织的活动	859	31.0
参加体育辅导站、俱乐部活动	369	13.3
政府部门组织的活动	164	5.9
单项体育协会组织的活动	160	5.8
其他	26	0.9

表 2-8　调查对象体育健身消费支出项目分布

消费支出项目	N	百分比（%）
购买运动器材	2201	66.3
购买书报杂志、音像制品	1293	39.0
观赏体育比赛	1007	30.3
支付体育锻炼指导费、培训费	633	19.1
场地使用费、器材租赁费	570	17.2

据表2-9，没有固定运动场所的群体，单次活动时间以30分钟以下居多（43.7%），而有固定或不太固定运动场所的群体，运动时长以30分钟以上居多，而经过卡方检验，$P<0.01$，说明有无固定运动场所的群体，单次活动

时长有显著差异。拥有固定运动场地的群体，单次活动时长更长，而且群众体育运动一般运动强度为中等，只有较长的运动时长才能达到有效的运动效果，也从侧面说明了运动场所的重要性。

表 2-9　调查对象是否有固定场所与每次活动时长分布

		活动时间情况占比（%）		
		30 分钟以下	30 分钟到 1 小时	1 小时以上
是否有固定场所	有	28.3	43.8	27.9
	不太固定	28.5	58.1	13.4
	没有	43.7	39.3	17.0
	$x^2 = 198.909$		P<0.01	

基于现阶段全民健身活动中的个体性，我们可以发现兴趣是促使健身活动的关键因素。调查发现（表 2-10、表 2-11），56.9%的人在在校期间形成了陪伴一生的运动兴趣，有 50% 是因为在校期间受到相关的体育教育而养成的习惯，46.4% 是因为体育新闻、电视转播等相关节目养成兴趣，41% 的人是受到同事、朋友影响，这也间接解释了为什么有很多人和同事、朋友一起参加体育活动。

表 2-10　调查对象运动兴趣形成时期分布

时期	N	百分比（%）
在校期间	2507	56.9
工作阶段	1076	24.4
退休后	824	18.7

表 2-11 调查对象运动兴趣形成原因分布

原因	N	百分比（%）
在校期间受到体育教育	1868	50.0
体育新闻、电视转播等相关节目	1732	46.4
受同事、朋友影响	1531	41.0
受家庭成员影响	1144	30.6
参加单位体育活动	928	24.9
受体育明星、名人影响	447	12.0
其他	78	2.1

二、健身指导情况

从表 2-12 来看，各个职业阶层进行体育健身时普遍缺乏专业人士的指导，城乡无业、失业者（53.1%）与农业劳动者（47.5%）近半数健身时没有指导；"有时有指导"的群体比例都在 1/3 以上，他们属于不专门群体；有专门健身指导的群体中私营企业主（34.9%）和国家与社会管理者（28.6%）占比最高。从不同年龄段来看，有专门指导群体最多的是 60—69 岁年龄组（27.6%）。总体来看，虽然在健身中被指导过的群体占了大多数，但健身指导普及率仍需提高。健身时无指导男性占比高于女性，且接受指导的专门性方面女性比例也高于男性。健身时无指导占比最高的是 1 万元收入以上群体，其次是 2000 元以下群体。月收入 1 万元以上群体虽无指导情况占比最高，但其有专门指导占比较高；2000—4999 元收入组虽接受指导比例最高，但指导稳定性较低。健身时无指导最高的地区是昆明市，其次是南京市和北京市。

表 2-12　调查对象健身时有无指导者分布

		健身时有无指导者情况占比（%）			x^2	P
		有	有时有	没有		
地区	武汉市	23.6	47.2	29.2	443.914	0
	南京市	23.7	37.1	39.2		
	昆明市	5.6	19	75.4		
	北京市	28.5	40.3	31.2		
性别	女	23.7	36.5	39.8	25.996	0
	男	18.5	35.1	46.4		
年龄	70 岁以上	9.1	16.7	74.2	131.1.1	0
	60—69 岁	27.6	35.5	36.9		
	40—59 岁	19.7	45.2	35.1		
	20—39 岁	19.8	33.4	46.8		
	20 岁以下	19.1	30.4	50.5		
文化程度	大专及以上	17.4	32.9	49.7	108.396	0
	高中或中专	20.2	35.5	44.3		
	初中	27.9	40.1	32.0		
	小学	15.8	32.1	52.1		
	未上过学	10.9	25.0	64.1		
职业	学生	23.8	31.0	45.2	105.005	0
	城乡无业、失业者	16.8	30.1	53.1		
	农业劳动者	17.0	35.5	47.5		
	产业工人	23.4	39.2	37.4		
	商业服务业工作人员	20.9	36.4	42.7		
	个体工商户	17.0	40.5	42.5		
	办事人员	18.2	37.5	44.4		
	专业技术人员	17.6	45.6	36.8		
	私营企业主	34.9	35.8	29.4		
	经理人员	24.7	36.5	38.8		
	国家与社会管理者	28.6	33.9	37.5		
月收入	10000 元以上	22.1	19.1	58.8	47.191	0
	5000—9999 元	23.5	34.1	42.4		
	2000—4999 元	21.4	39.8	38.8		
	2000 元以下	18.2	32.6	49.3		

在接受健身指导中，我们发现没有指导人员的现象依然是普遍的，比例将近40%，其次接受体育教练、教师的指导达到35%，依此减少的分别是社会体育指导员、社会体育志愿者、其他受过相关训练的人、参照专业教材自己练，比例分别为25.8%、24.1%、13.8%和10.6%。在不同性别群体中，基本遵循这一规律。在不同年龄段中，20岁以下群体接受体育教练、教师的指导是最多的，这一群体大多还处于学校环境，所以以接受学校教师的健身指导为主；40岁以上接受指导群体中，指导者以社会体育指导员为主；20—39岁群体多接受体育教练、教师的指导。收入在2000—4999元的群体，是以接受社会体育指导员健身指导为主的，而其他收入群体是以体育教练、教师指导为主的。在不同职业的群体中，经理人员，私营企业主，专业技术人员，城乡无业、失业者，学生之中，体育教练、教师是其主要的指导者，而国家与社会管理者、办事人员、商业服务业工作人员、产业工人这一群体中，社会体育指导员是其主要指导者。这里特别指出，农业劳动者的指导者是以社会体育志愿者为指导者居多的（表2-13）。

表2-13　调查对象在健身活动中接受指导情况分布

		接受指导情况占比（%）					
		没有指导	体育教练、教师指导	社会体育指导员指导	社会体育志愿者指导	其他受过相关训练的人指导	参照专业教材自己练
性别	男性	46.3	33.2	21.7	24.1	14.3	10.1
	女性	38.2	33.8	27.5	22.0	12.1	10.4
年龄	20岁以下	37.4	60.3	10.2	10.9	10.1	8.5
	20—39岁	47.2	30.2	25.1	24.8	16.5	7.9
	40—59岁	31.3	23.1	38.3	36.6	15.3	14.2
	60—69岁	60.3	8.0	27.7	19.3	10.0	9.5
	70岁以上	83.6	9.6	9.6	8.2	5.5	11.0

		接受指导情况占比（%）					
		没有指导	体育教练、教师指导	社会体育指导员指导	社会体育志愿者指导	其他受过相关训练的人指导	参照专业教材自己练
月收入	2000元以下	51.5	34.2	20.0	16.7	10.6	11.6
	2000—4999元	38.7	25.4	32.9	29.8	14.9	8.9
	5000—9999元	37.4	32.5	27.1	26.8	20.2	12.8
	10000元以上	51.5	35.3	20.6	16.2	22.1	7.4
职业	国家与社会管理者	39.6	30.2	34.7	22.9	17.7	11.8
	经理人员	43.9	34.1	26.8	25.6	17.1	9.8
	私营企业主	54.0	27.0	18.5	23.5	13.0	8.0
	专业技术人员	33.3	40.9	28.6	34.4	16.7	12.7
	办事人员	33.7	23.5	36.5	34.4	15.6	9.9
	个体工商户	43.2	25.5	21.9	24.7	15.0	13.6
	商业服务业工作人员	42.3	21.6	30.8	28.4	15.4	10.1
	产业工人	37.5	26.4	34.4	25.1	14.6	8.3
	农业劳动者	61.0	17.0	22.5	23.4	9.8	13.5
	城乡无业、失业者	46.4	47.9	12.5	8.7	10.6	9.2
	学生	33.1	62.2	12.1	13.8	8.7	6.6
总体分布		39.2	35.0	25.8	24.1	13.8	10.6

　　将接受健身指导的情况作为因变量，地区、年龄、性别、城乡、职业、收入、受教育程度这七个变量作为自变量，进行卡方交互性检验，决策树模型最大树深为3，模型如图2-1所示。我们可以看出第一层为地区，说明地区与群众接受健身指导情况相关性最大，但北京市和武汉市分为了一组，说明这两个地区间地区差异影响很小。地区中北京市和武汉市健身活动有固定指导的情况占比最高，昆明市止步于第一层，说明昆明市居民年龄、性别、

城乡、职业、收入、受教育程度这六个因素对接受健身指导情况相关性不大。决策树模型的第二层为年龄，说明年龄与群众接受健身指导情况相关性排名第二，除昆明市外，其余三市 16—39 岁群体被分在了一个节点，在此年龄段的群体中城乡是对其是否接受健身指导相关性最大的因素。南京市40—59 岁群体、北京市和武汉市 60—69 岁群体，接受健身指导情况与收入因素相关性最大。

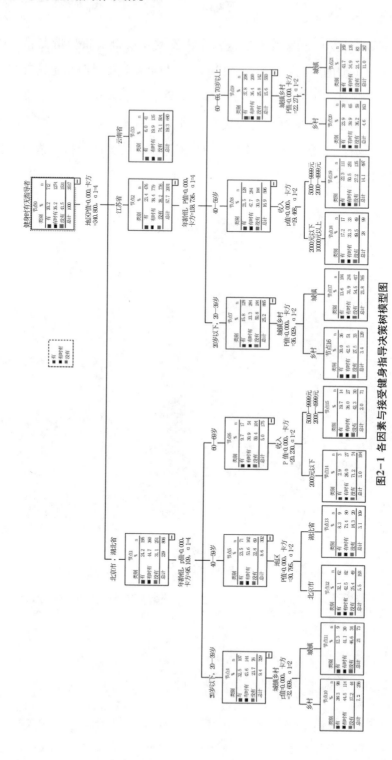

图2-1 各因素与接受健身指导决策树模型图

根据表2-14，最受群众喜爱的项目是跑步（88.6%），然后是球类和游泳，分别占68.4%和36.1%。这些运动项目都有一些特点，或是参与门槛低，或是趣味性强。根据表2-15，有指导比例最高的项目是武术、气功，为34.9%；然后是健美力量练习，为31.9%；再是健身操舞、秧歌，为24.8%。可以看出这三项运动项目都是有一定技巧性和难度的，需要有人教才能掌握。没有指导比例最高的为棋类、桥牌，为51.9%；然后是登山和球类，分别为48.7%和43.4%。这三项运动项目相较其他项目而言技巧性弱一些，容易掌握，故对指导者的需求也会相应少一些。数据结果启发我们应结合项目的各种特性，着力进行群众难以掌握的运动技能指导。

表2-14　调查对象健身运动的主要项目分布

健身运动项目	N	分比（%）
跑步	2148	88.6
球类	1659	68.4
游泳	875	36.1
登山	625	25.8
健身操（舞）、秧歌	571	23.6
棋类、桥牌	508	21.0
其他	371	15.3
健美力量练习	319	13.2
武术、气功	196	8.1

表2-15　调查对象健身项目与有无健身指导情况分布

健身项目	健身时有无指导者情况占比（%）		
	有	有时有	没有
棋类、桥牌	11.2	36.9	51.9
登山	13.1	38.2	48.7

健身项目	健身时有无指导者情况占比（%）		
	有	有时有	没有
球类	19.4	37.1	43.4
跑步	17.8	38.8	43.3
游泳	20.4	42.4	37.2
健身操（舞）、秧歌	24.8	45.6	29.6
健美力量练习	31.9	40.1	28.1
武术、气功	34.9	42.1	23.1

有关全民健身方面的相关政策法规与宣传报道，我们从受众的角度了解到一些普及的情况。据表2-16，42.8%的人认为自己不太了解法律法规，与此同时35.1%的人认为自己还是处于比较了解的水平。据表2-17，35.8%的人对于体育报道关注度一般，36%的人相对比较关注体育宣传与报道。另据本书统计，56%的人购买过相关的报刊、书籍、光盘资料，这一比例已达到半数，显示通过互联网等渠道的传播，全民健身的宣传报道正逐渐深入人心，相关的法律法规也渐渐普及，但是其详细内容却不为大多数人所知。随着普通大众渐渐深入学习相关法规，并积极购买官方出版的书籍与影像资料，全民健身也会更加深入人心。

表2-16　调查对象了解相关政策法规情况分布

	N	百分比（%）
不太了解	2047	42.8
比较了解	1677	35.1
不了解	514	10.8
非常了解	364	7.6
非常不了解	176	3.7

表 2-17　调查对象关注体育宣传报道情况分布

	N	百分比（%）
比较关注	1704	36.0
一般	1693	35.8
不太关注	687	14.5
非常关注	505	10.7
非常不关注	139	2.9

全民健身活动的指导离不开科学健身知识的传播，关于调查对象获取健身知识的途径，27%的人是长期锻炼体会，15%通过书籍报刊自学来掌握，经过培训的仅占31%（包括短期培训和专业培训）（表2-18）。

表 2-18　调查对象获取健身知识的途径分布

途径	百分比（%）
长期锻炼体会	27.0
各种短期培训	27.0
媒体传授	19.0
体院专业培训	4.0
康复锻炼过程	7.0
书籍报刊自学	15.0

调查对象获取体育信息的途径中，通过书刊、报纸（75.3%），电视、广播（71.4%）与互联网（69.6%）获取体育信息位居前三（表2-19），一个准确有效的体育教育体系并没有形成。

表 2-19　调查对象获取体育信息的途径分布

途径	N	百分比（%）
书刊、报纸	2315	75.3
电视、广播	2197	71.4
互联网	2142	69.6
学校教育	929	30.2
现场观摩	809	26.3
社交	800	26.0
其他	36	1.2

不同年龄段的人获取体育信息的途径有较大区别，39 岁以下人群以互联网为主要的获取途径，40—59 岁人群多通过书刊、报纸获取体育信息，而 60 岁以上人群多以电视、广播为途径。39 岁以下的群体是在互联网快速发展时期成长起来的一代人，对于互联网的使用更为频繁和主动，所以网络成了其获取体育信息的主要途径；而 40—59 岁群体受到互联网影响不大，依旧保持了传统的读书、看报的习惯；对于 60 岁以上群体，其身体机能下降，视力听力的自然衰退，使得看电视、听广播更符合他们的需求（表 2-20）。

表 2-20　不同年龄的调查对象获取体育信息的途径分布

	体育信息途径（%）						
	书刊、报纸	电视、广播	互联网	学校教育	现场观摩	社交	其他
20 岁以下	62.4	56.6	72.9	46.7	16.1	14.3	0.8
20—39 岁	64.1	63.8	66.4	24.7	17.5	19.1	0.4
40—59 岁	66.2	65.0	53.3	14.6	27.6	25.8	1.9
60—69 岁	68.5	68.5	26.2	6.5	29.4	29.3	1.0
70 岁以上	60.8	72.2	21.5	8.9	27.8	32.9	3.8

在有健身指导者的群体中，占比最多的接受体育信息的途径是书刊、报纸，其次是互联网，电视、广播，现场观摩，学校教育；而在没有健身指导者的群体中，获得体育信息的主要途径是电视、广播，然后是书刊、报纸，互联网，学校教育。此外问卷中关于社会体育指导员培训的问题，互联网作为最普遍，也是最方便的培训途径，以55.7%的比率成为大家最青睐的培训方式。这其中可以看出，书刊、报纸，电视广播，互联网作为三大信息平台，对于传播体育信息发挥着巨大的作用，在宣传体育知识的过程中应当充分发挥这些平台的作用（表2-21）。

表2-21　健身时有无体育指导者与体育信息获取途径的交叉分析表

		获取体育信息途径（%）						
		书刊、报纸	电视、广播	互联网	学校教育	现场观摩	社交	其他
健身时有无指导者	有	63.4	55.8	57.0	24.0	27.3	22.4	0.5
	有时有	69.7	61.3	56.7	23.1	27.0	23.1	1.3
	没有	63.0	67.3	57.0	25.4	16.3	20.5	0.8

三、影响居民健身因素

相比于积极参加健身运动的群体来说，我们也需要了解不参加健身活动的原因。大部分（82.6%）不方便参加健身活动的原因是时间限制（表2-22）。我们进一步探讨了调查群体的闲暇时间分布，发现有51.4%的人会从事体育锻炼，但是各项其他活动如家务劳动依旧会占去较多的时间（表2-23）。

表 2-22　影响调查对象参加健身的原因

原因	N	百分比（%）
时间限制	3071	82.6
个人精力不足	2166	58.2
体育场地设施限制	1756	47.2
缺乏指导	1240	33.3
其他	109	2.9

表 2-23　调查对象闲暇时间主要的活动

活动	N	百分比（%）
家务劳动	1974	60.1
体育锻炼	1687	51.4
看电视、读书报	1436	43.7
文化娱乐	1312	40.0
社会交往	1303	39.7
学习与进修	1124	34.2
辅导子女学习	597	18.2
参加社会公益活动	416	12.7

从影响群众参与健身活动的因素来看（表 2-24），主要在于缺乏锻炼场所和器材（80.2%），其次是健身意识不足（65.6%），这反映出阻碍群众参与健身的首要原因是硬件设施，其次是群众的健身意识还需提高。

表 2-24　影响群众参与健身活动的主要因素

影响因素	N	百分比（%）
缺乏锻炼场所和器材	77	80.2
健身意识不强	63	65.6

影响因素	N	百分比（%）
组织管理者数量不足	58	60.4
指导员、志愿者数量不足，水平有限	52	54.2
体育科学化水平有待提高	50	52.1
体育技能较差	43	44.8
领导重视不够	41	42.7
工作、家务负担重，没时间	39	40.6
参与人群与活动的管理者、指导者沟通不畅	33	34.4
无体育消费能力	24	25.0

据表 2-25，良好的健身环境和高质量的健身场地设施是群众健身活动的共同需求，从需求层面反映了我国体育基础硬件设施的缺乏，这一点在日益高涨的群众健身锻炼热情面前显得尤为重要。随着经济的发展，政府对于体育设施的投入也有增加，而且随着很多新小区、工厂的建立，体育场地与设施也有适量的增加。然而从现有的调查结果显示，场地设施依旧是一个老大难问题，体育场地的分配不均是潜在的原因。

表 2-25　调查对象在健身活动中希望获得的服务内容

服务内容	N	百分比（%）
良好的健身环境	3118	89.8
高质量的健身场地与设施	2042	58.8
有组织的健身氛围	1577	45.4
配套的休闲娱乐设施	1511	43.5
高水平的健身指导	1404	40.4
配套的保健康复设施	579	16.7
合理收费	185	5.3
其他	3	0.1

四、不同群体参与健身现状分析

（一）健身频率与时长

据表 2-26，从不同的职业分层来看，各职业阶层参加健身的周平均运动频度有明显差异。私营企业主（65.6%）、产业工人（63.8%）和专业技术人员（62.7%）每周平均健身次数超过 3 次的比例最高，农业劳动者阶层（41.0%）最低。从每次的持续时间上来看，产业工人（79.1%）、经理人员（78.3%）和商业服务业工作人员（77.4%）在 30 分钟以上者最多。观察两组数据发现，个体工商户虽每周锻炼 3 次及以上人数较多（62.2%），但 30.8%的人每次锻炼时间在 30 分钟以下，锻炼强度不佳。农业劳动者不仅锻炼频度低，且持续时间短。

锻炼持续时间与年龄呈显著正相关（P>0.01），相比年轻人，老年人作息更为规律，闲暇时间较多，对健身锻炼的需求也较高。统计检验表明，各阶层与年龄组之间存在统计学差异（p<0.05）。从不同年龄组来看，60—69 岁年龄组每周锻炼 3 次及以上人数最多（69.6%），且持续时间大多（74.7%）在 30 分钟以上。60—69 岁的老人，不同性别的锻炼频率以及锻炼时长差异具有显著性。其中男性在锻炼频率上更加不稳定，而女性在锻炼频次上更多，而且锻炼时间也比男性更长。

从城乡差异来看，城镇居民锻炼 3 次及以上百分比高于乡村，在持续时间上也高于乡村。

从收入水平来看，2000—4999 元与 5000—9999 元组别锻炼 3 次及以上占比较高，持续时间也较长。分析其原因，收入 2000 元以下群体大多时间用于工作，物质生活水平相对较低，参与锻炼的时间不足、物质条件不足，所以其锻炼次数及时间相对较低。而收入 10000 元以上群体，由于工作压力大，工作时间长导致参与锻炼次数少，但我们从表中可以看出，持续时间 1 小时以上的占比，这部分人是最高的。

不同地区之间，南京市 3 次及以上占比较高，为 64.7%；其次是北京市，为 62.3%。锻炼持续时间上 30 分钟以上占比最高的是北京市，其次是南京市。从结果可以看出锻炼的总时长上南京市最长。

表 2-26 调查对象锻炼频率及时长分布

		每周锻炼次数分布占比（%）					每次锻炼持续时间分布占比（%）				
		1—2	≥3	不一定	χ^2	P	<30分钟	30分钟-1小时	>1小时	χ^2	P
职业	国家与社会管理者	27.6	60.1	12.3			24.3	54.4	21.3		
	经理人员	30.1	61.5	8.4			21.7	48.2	30.1		
	私营企业主	24.9	65.6	9.6			27.2	42.2	30.6		
	专业技术人员	29.3	62.7	8			24.4	52.4	23.2		
	办事人员	32.4	55.8	11.8			26	56.8	17.2		
	个体工商户	23	62.2	14.8	191.519	≤0.05	30.8	48.6	20.6	156.868	≤0.05
	商业服务业工作人员	35.9	52.9	11.2			22.6	51	26.4		
	产业工人	26.4	63.8	9.8			20.8	52.3	26.8		
	农业劳动者	39	41	20.1			40.8	42.9	16.4		
	城乡无业、失业者	29.4	52.5	18.2			34.3	48	17.7		
	学生	33.4	54.7	12			41.4	45.7	12.9		
年龄	16—19 岁	33.8	51.2	15			37.3	47.1	15.6		
	20—39 岁	37.8	46.7	15.6	219.453	≤0.05	30.5	51.8	17.7	144.965	≤0.05
	40—59 岁	30.0	58.9	11.1			26.8	55.5	17.7		
	60—69 岁	19.9	69.6	10.4			25.3	42	32.7		
性别	60—69 岁男性	21.4	64.1	14.5	17.769	≤0.05	30	41.2	28.9	11.588	≤0.05
	60—69 岁女性	18.4	74.7	6.9			20.6	43.6	35.8		
城乡	城镇	28.8	59.1	12.1	35.127	≤0.05	26.3	52.2	21.5	58.153	≤0.05
	乡村	34.2	50.0	15.8			37.3	44.6	18.1		

		每周锻炼次数分布占比（%）					每次锻炼持续时间分布占比（%）				
		1—2	≥3	不一定	χ^2	P	<30分钟	30分钟-1小时	>1小时	χ^2	P
月收入	2000元以下	34.6	49.7	15.8	62.839	≤0.05	36.9	46.1	17	98.62	≤0.05
	2000—4999元	26.6	61.4	12			23	52.7	24.3		
	5000—9999元	27.3	58.8	13.9			23.9	53.3	22.8		
	10000元以上	28.6	52.9	18.6			20	40	40		
地区	武汉市	45.6	44.5	9.3	430.141	≤0.05	48.7	37.1	14.2	149.456	≤0.05
	南京市	25.8	64.7	9.5			26.9	52.6	20.5		
	昆明市	35.5	33.8	30.7			34.1	46.2	19.8		
	北京市	26.9	62.3	10.8			24	53.1	22.9		

（二）健身项目

在不同地区，人们偏好的运动项目是不同的，武汉市与南京市参与人数最多项目的前三位是跑步、球类、游泳，而昆明市参与人数最多项目的前三位是跑步、球类、登山，这与昆明当地自然风貌多山有关，具有天然的登山条件。北京市参与人数最多的项目前三位是跑步，球类，健身操（舞）、秧歌。总体来说，跑步、球类是参与人数最多的，这与其参与门槛低、技术动作少有较大的关系，同时提醒指导各地的体育项目还要结合当地的自然、风土、经济等，因地制宜（表2-27）。

表2-27　不同地区的运动项目分布

地区	跑步	球类	游泳	登山	运动项目分布占比（%）		武术、气功	棋类、桥牌	其他
					健美力量练习	健身操（舞）、秧歌			
武汉市	81.6	61.9	26.6	8.6	15.2	17.8	2.3	21.0	4.7
南京市	73.7	50.5	25.3	17.2	7.9	24.3	7.1	15.3	11.3
昆明市	80.9	54.7	20.6	25.5	7.5	15.2	5.5	13.8	24.9
北京市	70.3	47.0	19.1	13.9	8.3	32.1	7.1	14.4	13.8

（三）健身场所

据表 2-28，从参与锻炼群体的职业来看，值得注意的是 15.8% 城乡无业、失业者也将收费的公共体育场所和健身场所作为自己的锻炼场所，可见体育锻炼对于个体不单单是强健体魄，同时也可以缓解内心的压力。产业工人、农业劳动者则更多地选择公路、街道作为自己的锻炼场地，学生更倾向于在免费的公共体育场所，一方面他们对于体育锻炼有需求，另一方面，收入水平低使得他们不能在体育锻炼中投入过多的金钱。

从参与锻炼群体的年龄来看，20 岁以下的群体多在免费的公共体育场所进行体育锻炼，而 20 岁以上的群体则多在公园、广场锻炼。由此可见，体育运动的观念深入人心，但群众体育中锻炼缺乏一定的科学指导，对于体育场地的必要性认识不足。运动项目不同对于场地选择也有一定的影响。

从参与锻炼群体的性别来看，男性与女性大多都选择了公园、广场进行锻炼，其次是免费的公共体育场所，然后是住宅空地，而收费的公共体育场所和健身场所是选择最少的锻炼场所。看得出，男女差异对于运动场地的选择并没有太大影响，同样是体育场所，收费与否很大程度上决定了场地的选择，可见我国体育消费水平还是处于比较低的阶段。

从参与锻炼群体的城乡划分来看，城镇居民和乡村居民都将公园、广场作为自己锻炼活动的首选场地，其次是免费的公共体育场所，而位于城镇居民第三选择顺位的活动场地是单位的体育场所，乡村居民则是公路、街道，由此看得出，乡村体育基础设施的匮乏导致了乡村居民锻炼无处可去，只得选择了公路、街道，不仅存在安全隐患，同时过于坚硬的地面还有可能发生运动损伤。

从参与锻炼群体的收入来看，不论收入多少，大多数人都选择公园、广场作为锻炼的场地，而随着收入水平的提高，选择收费的公共体育场所和健身场所的人数比例也越来越高，大众对收费的公共体育场所和健身场所的专业性表现出了肯定，在经济能力允许的情况下更倾向于专业化的服务。而公路、街道作为锻炼场所随着收入水平的提高选择比例越来越低，但收入大于1万这一比例出现了增加，可能是由于工作压力较大没有时间和精力投入专业的健身房，只得选择这一方便的场所。

从参与锻炼群体的所属地区来看，在武汉、南京、昆明、北京四地区中，武汉市居民更多地选择免费的公共体育场所，而南京、昆明市居民选择最多的是公园、广场，看得出武汉市基础体育设施的普及化程度高。选择最少的场地，四个地区无一例外地都是收费的公共体育场所和健身场所。

表 2-28　调查对象健身场所分布

		健身场所分布占比（%）					
		公园、广场	单位的体育场所	免费的公共体育场所	收费的公共体育场所和健身场所	住宅区空地	公路、街道
职业	国家与社会管理者	75.4	29.9	60.8	26.6	36.2	16.6
	经理人员	61.4	41	56.6	26.5	43.4	22.9
	私营企业主	70.8	28.7	61	27.2	58.5	9.2
	专业技术人员	69.5	41.7	62	28.6	40.6	16.2
	办事人员	78.4	18.6	60.3	12.3	45.8	22.1
	个体工商户	76.1	21.7	49.6	19.7	51.3	23.1
	商业服务业工作人员	81.4	21.9	61.4	15.2	51.4	18.1
	产业工人	77.3	24	58.5	7.7	51.6	24.9
	农业劳动者	70.6	20.7	58.5	5.6	54.7	35.2
	城乡无业、失业者	71.7	29.7	70.4	18.6	47.5	25.6
年龄	20 岁以下	72	31	73.7	17.9	43.8	17.5
	20—39 岁	75.2	27.9	60.4	19.7	42.1	16.1
	40—59 岁	75.2	23.5	56.7	13.6	49.1	25.5
	60—69 岁	72.9	19	56.1	11.4	54.5	31.2
	70 岁以上	78.1	15.6	54.7	9.4	64.1	25

		健身场所分布占比（%）					
		公园、广场	单位的体育场所	免费的公共体育场所	收费的公共体育场所和健身场所	住宅区空地	公路、街道
性别	男性	72.3	29.8	64.2	19.3	44.1	22
	女性	75.4	21.8	60.3	12.5	50.4	22.1
城乡	城镇	74.7	24.9	63.7	18.3	47.3	18.2
	乡村	72.5	26.8	60	11.3	47.8	28.6
月收入	2000 元以下	71.3	24.7	65.6	12.7	49.8	28.1
	2000—4999 元	79.6	24.3	59.1	15.3	47.9	21.4
	5000—9999 元	74.0	32.1	55.9	28.8	45.4	15.1
	10000 以上	62.3	29.0	58.0	33.3	40.6	26.1
地区	武汉市	66.2	20.7	68.9	9.4	42.9	20.2
	南京市	76.2	28.1	62.5	18.8	47.0	19.0
	昆明市	69.9	23.8	59.6	15.4	55.2	32.5
	北京市	77.4	26.3	60.7	15.8	45.7	20.2

（四）活动方式

据表 2-29，从参与锻炼群体的职业来看，国家与社会管理者、经理人员、专业技术人员、办事人员、商业服务业工作人员多参加单位组织的活动，私营企业主多参加体育辅导站、俱乐部活动，个体工商户多参加政府部门组织的活动、单项体育协会组织的活动，产业工人多参加社区组织的活动，学生多参加单项体育协会组织的活动。不同职业对于体育锻炼的活动方式选择不同，既受到工作环境的影响，也受到闲暇时间的影响。

从参与锻炼群体的年龄来看，70 岁以下群体大多选择与朋友、同事一起锻炼，而 70 岁以上则多选择独自锻炼，看得出大众对于体育锻炼的作用不仅仅只限于强身健体，还能够社交、促进人际交往，而反观 70 岁以上的群体选择独自锻炼，一方面是同龄人的缺失，另一方面是子女对存在的安全隐

表 2-29　调查对象参与健身活动的方式分布

		活动方式分布占比（%）							
		独自	与家人一起	与朋友、同事一起	单位组织的活动	社区组织的活动	体育辅导站、俱乐部活动	政府部门组织的活动	单项体育协会组织的活动
职业	国家与社会管理者	6.0	6.3	7.2	11.7	8.1	8.2	10.5	7.3
	经理人员	2.0	1.8	2.0	4.1	1.5	1.1	1.5	1.4
	私营企业主	3.9	5.0	5.2	5.8	5.1	8.9	3.0	3.2
	专业技术人员	5.5	6.5	6.7	11.8	5.7	6.9	6.0	11.4
	办事人员	12.1	15.6	14.4	20.4	17.0	10.8	14.0	8.2
	个体工商户	9.1	8.3	8.2	7.5	7.7	8.0	10.0	10.0
	商业服务业工作人员	4.0	4.3	5.0	7.6	6.6	3.2	6.0	1.8
	产业工人	8.2	7.5	8.5	14.8	17.6	11.7	18.0	10.0
	农业劳动者	15.8	16.7	12.9	5.2	16.2	7.8	13.5	3.7
	城乡无业、失业者	17.8	13.5	15.1	5.6	7.7	13.0	8.0	13.7
	学生	15.6	14.4	14.8	5.5	6.7	20.4	9.5	29.2
年龄	20 岁以下	63.7	56.1	76.7	9.8	10.0	12.3	2.1	9.6
	20—39 岁	55.5	65.3	74.3	26.2	17.6	5.0	3.7	3.0
	40—59 岁	43.0	62.3	70.4	26.6	31.9	10.2	6.2	3.3
	60—69 岁	43.7	48.3	57.8	16.0	47.9	13.3	7.8	3.3
	70 岁以上	65.7	58.2	59.7	10.4	22.4	7.5	1.5	3.0
性别	男性	57.4	57.9	69.6	19.8	21.7	9.3	4.6	6.3
	女性	47.2	58.6	71.1	18.5	29.2	11.1	4.9	3.7
城乡	城镇	49.2	56.4	69.4	20.8	27.5	10.9	4.5	5.0
	乡村	57.8	61.9	72.0	16.9	22.7	9.2	5.2	4.7
月收入	2000 元以下	63.2	62.3	73.2	10.4	22.7	8.9	3.3	4.4
	2000—4999 元	44.3	55.4	68.3	27.7	34.3	10.4	6.7	3.4
	5000—9999 元	46.3	57.4	71.8	36.5	21.7	9.6	3.5	6.8
	10000 元以上	62.3	71.0	76.8	10.1	5.8	17.4	2.9	4.3

续表

地区		活动方式分布占比（%）							
		独自	与家人一起	与朋友、同事一起	单位组织的活动	社区组织的活动	体育辅导站、俱乐部活动	政府部门组织的活动	单项体育协会组织的活动
地区	武汉市	52.6	60.0	65.7	12.6	22.4	10.8	3.8	6.9
	南京市	49.8	59.2	71.6	24.0	28.4	10.4	4.8	3.1
	昆明市	69.0	60.5	75.7	12.9	11.7	8.1	3.1	9.9
	北京市	47.1	56.4	69.4	20.6	31.7	10.9	5.9	3.7

患认识不足，老年人应当在有人陪伴的情况下进行体育活动。

从参与锻炼群体的性别来看，男女在选择上的差异不大，选择最多的前两项分别是与朋友、同事一起和与家人一起。男性独自锻炼的比例要比女性高，而女性与人结伴锻炼的比例要大于男性，可以看出女性更倾向于将社交融入锻炼，而男性则偏重锻炼的基本健身功能。

从参与群体的城乡分布来看，城镇和乡村居民对于活动方式的选择差异不大，选择最多的前三位是与朋友、同事一起，与家人一起和独自锻炼这三种活动方式。城镇居民最少参与的是政府部门组织的活动，而乡村居民最少参与的是单项体育协会组织的活动。一方面，政府要加强组织活动的宣传力度和内容的趣味性；另一方面，单项体育协会在组织活动时不单单要注重活动的专业性，也要结合大众对项目的了解水平，提供更具吸引力的活动。

从参与锻炼群体的收入来看，无论收入多少，大众选择最多的是与朋友、同事一起参与锻炼，其次是与家人一起，收入2000元以下的群体则较多选择独自。政府部门组织的活动参与率在各个收入阶段基本上都是最低的（收入在2000—4999元的群体除外），政府要加强组织活动的宣传力度和内容的趣味性，从而使更多的群体参与到健身活动中。

从参与锻炼群体的所属地区来看，四市群众选择最多的是与朋友、同事一起参与锻炼，武汉市、南京市与北京市居民选择与家人一起锻炼的群体数量位于第二位，而昆明市居民则选择的是独自锻炼。

五、体质测量评定

据表2-30，国家与社会管理者、私营企业主、学生阶层进行定期体质监测的情况好于其他职业；固定一年一次以上的群体不多；各职业准备参加群体比例最高也仅占24.1%（经理人员）；值得一提的是，虽然农业劳动者固定一年参加一次以上的人数最少，但其准备参加比例较高。

从不同年龄阶段来看，20—39岁群体从未参加体质测量评定比例最高（40.6%），16—19岁和60—69岁年龄段群体每年一次以上及曾经参加过体质测量评定占比最高和次高。

城镇居民每年一次以上体质测量评定比例约是乡村居民的一倍，原因是城镇的国民体质监测站建设较为完善，而具备体质监测条件的乡村不多，但人们对体质监测重要性的意识已经开始形成，准备参加的群体占乡村的20.5%。

男性从未参加体质测量评定的比例高于女性，但每年一次以上群体占比基本一致，女性曾经参加的比例高于男性。

月收入10000元以上群体体质测量评定参加率最低，且将来准备参加意愿最低；2000—4999元收入群体参加率最高，且固定一年一次以上占比最高。可以看出2000—4999元收入群体健身活动中科学性较高。

体质测量评定上，南京市居民从未参加过的比例最低，为23.3%，且每年一次以上的占比最高，为32.1%。综合来看，南京市居民健身科学化水平最高。

表 2-30　调查对象体质测量评定情况

		体质测量评定情况占比（%）				χ^2	P
		从未	从未，但准备参加	每年一次以上	曾经参加过		
职业	国家与社会管理者	26.1	8.6	41.1	24.2	325.563	≤0.05
	经理人员	36.8	24.1	16.1	23.0		
	私营企业主	32.6	12.6	30.9	23.9		
	专业技术人员	32.2	17	21.6	29.3		
	办事人员	24.4	14.8	26.0	34.8		
	个体工商户	38.3	21.8	15.2	24.7		
	商业服务业工作人员	36.7	18.6	14.9	29.9		
	产业工人	24.9	11.4	25.4	38.3		
	农业劳动者	44.6	23.1	10.2	22.2		
	城乡无业、失业者	29.5	11.4	31.3	27.9		
	学生	27.2	10.4	29.5	32.9		
年龄	16—19 岁	25.6	10.4	30.6	33.4	162.346	≤0.05
	20—39 岁	40.6	14.9	16.5	28.0		
	40—59 岁	31.4	18.6	21.7	28.4		
	60—69 岁	28.1	18.9	28.5	24.5		
城乡	城镇	28.1	12.4	30	29.6	174.293	≤0.05
	乡村	37.0	20.5	14.6	28.0		
性别	男性	32.9	15.8	24.5	26.8	13.125	≤0.05
	女性	30.1	14.4	24.2	31.4		
月收入	2000 元以下	33.1	15.9	22.9	28.1	34.914	≤0.05
	2000—4999 元	29.5	15.2	26.6	28.6		
	5000—9999 元	32.1	14.1	21.6	32.1		
	10000 元以上	56.3	7.0	11.3	25.4		

续表

		体质测量评定情况占比（％）					
		从未	从未，但准备参加	每年一次以上	曾经参加过	χ^2	P
地区	武汉市	46.8	21.3	11.0	20.9	335.247	≤0.05
	南京市	23.3	14.7	32.1	29.9		
	昆明市	44.3	9.3	15.0	31.4		
	北京市	26.0	16.8	27.3	29.9		

六、有无健身指导

据表 2-31，城镇居民健身时无指导占比高于乡村。

表 2-31　调查对象健身时有无指导者情况分布

		健身时有无指导者情况分布占比（％）				
		有	有时有	没有	χ^2	P
城乡	城镇	20.2	34.5	45.3	19.161	≤0.05
	乡村	22.8	38.7	38.5		
性别	男性	18.5	35.1	46.4	25.996	≤0.05
	女性	23.7	36.5	39.8		
收入	2000 元以下	18.2	32.6	49.3	47.191	≤0.05
	2000—4999 元	21.4	39.8	38.8		
	5000—9999 元	23.5	34.1	42.4		
	10000 元以上	22.1	19.1	58.8		
地区	武汉市	23.7	47.2	29.2	493.954	≤0.05
	南京市	22.6	38.0	39.3		
	昆明市	5.6	19.0	75.4		
	北京市	26.6	37.0	36.4		

男性健身时无指导占比高于女性，且接受指导的固定性上女性比例也高于男性。

健身时无指导占比最高的是 10000 元收入以上群体，其次是 2000 元以下群体。月收入 10000 元以上群体虽无指导情况占比最高，但其有固定指导占比较高；2000—4999 元收入组虽接受指导比例最高，但指导稳定性较低。

健身时无指导最高的地区是昆明市，其次是南京市，虽然整体接受过指导的比例武汉市高于南京市，但南京市有固定性指导的比例略高于武汉市。

七、健身行为固定性

在健身行为的固定性和规律性上，我们将有关的四个题进行赋值计算，有无固定场所（B5）选择中，没有 0 分，不太固定 1 分，固定 2 分；有无固定项目（B12）选择中，没有 0 分，有 1 分；是否按照计划健身（B8）和是否加入社团组织（B9）选择中，没有 0 分，有 1 分。计算每个个案的平均值作为最后健身行为固定性的得分。使用单因素方差分析得出在各职业分层以及年龄组间存在显著差异（P≤0.01）。

据表 2-32，得分最高的是私营企业主、产业工人和国家与社会管理者，最低的为学生及城乡无业、失业者。这与职业的性质或收入有一定的关系，所以，职业稳定的群体运动健身的固定性也较强。

从年龄来看，年龄与固定性程度得分呈显著正相关（P=1），随着年龄的增长，健身的固定性与规律性递增。这是因为随着年龄的增长，生活水平越来越稳定，生活习惯逐渐养成，所以其健身活动的固定性程度也越来越高。

从城乡来看，城镇居民健身行为固定性平均分高于乡村，且标准差略低于乡村，说明城镇居民健身行为固定性较乡村高，样本间差异较乡村小。

从性别来看，女性健身行为固定性平均分高于男性，样本间离散程度差别不大。

从收入来看，2000—4999元收入群体健身行为固定性平均分最高，但该组标准差在几个组别中最大，说明样本间离散程度差别最大。

不同地区健身行为固定性得分最高的是北京市，其次是南京市，说明北京市居民健身行为在四市中最固定。

表2-32 调查对象健身行为固定性平均值

		M	SD	F	P
职业	国家与社会管理者	0.669	0.398	12.564	≤0.01
	经理人员	0.647	0.385		
	私营企业主	0.751	0.395		
	专业技术人员	0.646	0.391		
	办事人员	0.55	0.397		
	个体工商户	0.587	0.415		
	商业服务业工作人员	0.603	0.38		
	产业工人	0.688	0.444		
	农业劳动者	0.487	0.404		
	城乡无业、失业者	0.558	0.366		
	学生	0.585	0.362		
年龄	16—19岁	0.548	0.356	71.21	≤0.01
	20—39岁	0.506	0.379		
	40—59岁	0.62	0.395		
	60—69岁	0.753	0.44		
城乡	城镇	0.61	0.394	7.908	≤0.01
	乡村	0.574	0.408		
性别	男性	0.574	0.392	11.707	≤0.01
	女性	0.615	0.407		

续表

		M	SD	F	P
月收入	2000 元以下	0.56	0.393	7.228	≤0.01
	2000—4999 元	0.626	0.415		
	5000—9999 元	0.583	0.386		
	10000 元以上	0.549	0.385		
地区	武汉市	0.6108	0.42084	118.407	≤0.01
	南京市	0.6518	0.39258		
	昆明市	0.3591	0.30547		
	北京市	0.6553	0.39542		

八、不同群体健身意识与需求

（一）体育健身意识认同度

对于不同群体健身意识与需求，我们设置了 5 个题（C1、C3-C6），每个题有五个等级将其进行赋值，分别为"非常重要"（赋值为 5）、"比较重要"（赋值为 4）、"一般"（赋值为 3）、"不太重要"（赋值为 2）、"非常不重要"（赋值为 1）。将调查对象五个题得分相加，计算平均分，根据数据描述性统计结果，从积极认识至消极认识分为三个等级，以平均得分划分，≥3.32 分为高等级，3.31—1.67 分为中等级，≤1.66 分为低等级。

通过计算，体育健身意识认同度的平均分为 3.71（SD＝0.64），在等级划分后可以看出等级趋势比较集中，趋向于高等级，说明大众对体育健身意识认识程度还是较高的。

据表 2-33，不同职业间体育健身意识认同度最高的为经理人员和国家与社会管理者，最低的为城乡无业、失业者和农业劳动者。

不同年龄组间，随着年龄增大，对体育健身意识认同度有增加趋势，呈显著正相关。

城镇居民体育健身意识认同度得分略高于乡村，且离散程度低于乡村，说明整体来看城镇居民健身意识认同度高于乡村。

不同性别群体体育健身意识认同度不具有差异性，P = 0.752。不同收入群体体育健身意识认同度得分最高的是 2000—4999 元收入群体，且其标准差最低，离散程度最低。

不同地区居民体育健身意识认同度得分最高的是武汉市，其次是北京市，得分最低的是昆明市，且其标准差最低，离散程度较低，说明该地区居民认同度得分都比较低。

表 2-33　调查对象体育健身意识认同度平均值

		M	SD	F	P
职业	国家与社会管理者	3.899	0.625	25.163	≤0.01
	经理人员	3.93	0.679		
	私营企业主	3.885	0.644		
	专业技术人员	3.714	0.55		
	办事人员	3.872	0.569		
	个体工商户	3.617	0.583		
	商业服务业工作人员	3.775	0.604		
	产业工人	3.773	0.609		
	农业劳动者	3.508	0.713		
	城乡无业、失业者	3.503	0.682		
	学生	3.712	0.554		
年龄	16—19 岁	3.582	0.592	44.591	≤0.01
	20—39 岁	3.686	0.621		
	40—59 岁	3.816	0.616		
	60—69 岁	3.849	0.676		
城乡	城镇	3.732	0.611	7.908	≤0.01
	乡村	3.679	0.68		

续表

		M	SD	F	P
性别	男性	3.702	0.647	0.1	≤0.01
	女性	3.708	0.629		
月收入	2000 元以下	3.566	0.685	35.266	≤0.01
	2000—4999 元	3.79	0.602		
	5000—9999 元	3.773	0.625		
	10000 元以上	3.722	0.733		
地区	武汉市	3.8929	0.60346	168.727	≤0.01
	南京市	3.783	0.61309		
	昆明市	3.3216	0.59665		
	北京市	3.7984	0.60014		

（二）体育健身意识认同度的影响因素分析

选取年龄、性别、文化程度、收入、城乡划分为自变量，分析影响体育健身意识认同度的因素。分析采用多项有序 Logistic 回归统计方法。样本基本统计结果表明，多数选择集中在高级，给予中级评价者多于给予的低级评价者。

据表 2-34、表 2-35，男性与女性相比，体育健身意识认同度并无显著差异。从年龄影响来看，随着年龄的增长，对于体育健身意识的认同度也越高，40—69 岁与 70 岁以上体育健身意识认同度存在显著差异。从文化程度来看，随着文化程度的增长，对于体育健身意识的认同度也越高，且文化程度低于大专的与文化程度高于大专的存在显著差异。从月总收入来看，月收入 2000—4999 元群体体育健身意识认同度最高，月总收入小于 10000 元与月总收入大于 10000 元之间存在显著差异。城镇与农村群体在体育健身意识认同度上存在显著差异。

表 2-34 样本资料基本描述性统计量

变量			N	百分比（%）
因变量 Y	体育健身意识认同度等级	低	21	0.6
		中	949	25.9
		高	2691	73.5
自变量 X	性别	男性	1836	50.2
		女性	1825	49.8
	年龄	20 岁以下	694	19.0
		20—39 岁	1052	28.7
		40—59 岁	1081	29.5
		60—69 岁	757	20.7
		70 岁以上	77	2.1
	收入	2000 元以下	1423	38.9
		2000—4999 元	1765	48.2
		5000—9999 元	410	11.2
		10000 元以上	63	1.7
	文化程度	未上过学	72	2.0
		小学	317	8.7
		初中	962	26.3
		高中或中专	1276	34.9
		大专及以上	1034	28.2
	城镇乡村	城镇	2301	62.9
		乡村	1360	37.1
有效			3661	100.0

表 2-35　影响体育健身意识认同度的回归分析结果

自变量		各变量的回归系数（B）	系数 B 的标准差	Wald 卡方值	自由度	显著水平
性别（参照类：女）	男	−0.039	0.079	0.241	1	0.623
年龄（参照类：70 岁以上）	20 岁以下	−0.164	0.275	0.357	1	0.55
	20—39 岁	0.467	0.267	3.05	1	0.081
	40—59 岁	0.864	0.265	10.668	1	0.001
	60—69 岁	1.621	0.268	36.632	1	0.000
文化程度（参照类：大专及以上）	未上过学	−2.798	0.299	87.267	1	0.000
	小学	−1.636	0.179	83.672	1	0.000
	初中	−0.587	0.123	22.757	1	0.000
	高中或中专	−0.308	0.103	8.855	1	0.003
月总收入（参照类：10000 元以上）	2000 元以下	0.268	0.291	0.849	1	0.357
	2000—4999 元	0.344	0.291	1.397	1	0.237
	5000—9999 元	0.197	0.307	0.412	1	0.521
城乡（参照类：乡村）	城镇	−0.003	0.085	0.001	1	0.971

九、参与健身活动的原因

据表 2-36，从参与健身活动群体的职业来看，国家与社会管理者主要是为减轻压力、调节情绪、调节精神，经理人员主要为社会交往、结交朋友，私营企业主，个体工商户，商业服务业工作人员，城乡无业、失业者主要是为了商贸媒介，办事人员以磨炼意志为主要参与原因。可以看出以商业媒介和社交为主要原因参与健身活动的都与职业特点有关，或是需要广阔人脉，或是为了获取经济利益。而所有参与健身活动的学生都有防病治病这一目的，可见学生这一群体普遍认为健身活动具有保健功效。

从参与健身活动群体的年龄来看，以提高身体素质为参与健身活动的原因是所有年龄段群体共有的特点，其次是为了减轻压力、调节情绪、调节精神，而60—69岁群体把缓解疲劳作为第二大健身活动的原因。可以看出，健身活动的基本作用被社会大众普遍认同，而且参与健身活动的原因也呈现出多元化。健身活动不单单是为了强健体魄，还具有对精神压力的释放以缓解及疲劳的作用。

从参与健身活动的性别来看，男性和女性都将提高身体素质作为参与健身活动的第一大原因，减轻压力、调节情绪、调节精神作为第二大原因。而第三大原因，女性选择了健美形体，男性选择了社会交往、结交朋友，这一选择一定程度上体现了二者的差异。男性更多地是为了社交，而女性则是为了美体，表现出了性别特征。

从参与健身活动群体的城乡分布来看，城镇居民和乡村居民都不约而同地把提高身体素质和减轻压力、调节情绪、调节精神作为参与健身活动的原因的前两位。而有近1/4的乡村居民选择了其他原因，这一点还有待进一步的研究。

从参与健身活动群体的收入来看，提高身体素质这一原因是各个收入阶段群体大多数人的共同选择，其次是减轻压力、调节情绪、调节精神这一原因。收入在5000—9999元的群体不存在以商贸媒介为原因的健身活动，可见这一群体的健身活动是单纯地满足自身生理或心理的需求。而收入在10000元以上的群体，没有以参赛取胜为健身活动的原因，说明其不需要通过参赛取胜来实现自我认同。

从参与健身活动群体所属地区来看，四个市的居民参与健身活动的原因选择最多的都是提高身体素质，其次是减轻压力、调节情绪、调节精神这一原因，参赛取胜、防病治病这两个原因，几乎没有人选择，比例不到1%。作为大众参与项目，其目的多以休闲为主，所以以参赛取胜为健身目的的群体比例较低，而健身作为一种良好的防病治病手段，被大众知晓的程度还很低，由此应当加强体育健身的宣传，推广"运动是良医"的理念。

表 2-36 调查对象参与健身活动的主要原因分布

		主要原因分布占比（%）										
		提高身体素质	社会交往、结交朋友	提高技术水平	减轻压力调节情绪调节精神	健美形体	缓解疲劳	磨炼意志	消遣娱乐、满足兴趣	参赛取胜	商贸媒介	防病治病	其他
职业	国家与社会管理者	7.4	8.2	5.3	8.6	7.1	5.3	7.8	4.6	2.5	7.7	0.0	6.1
	经理人员	2.1	2.6	2.1	2.2	1.6	2.5	1.9	1.7	1.3	0	0.0	1.1
	私营企业主	4.5	5.1	7.6	3.7	5.6	4.8	5.0	7.2	1.3	7.7	0.0	4.1
	专业技术人员	6.1	7.0	7.7	7.1	7.2	5.7	6.0	5.5	3.8	7.7	0.0	5.2
	办事人员	14.3	13	10.2	15.1	15.1	14.5	15	11.3	8.8	7.7	0.0	14.5
	个体工商户	7.7	6.4	7.4	9.7	10.9	9.5	6.7	9.3	2.5	23.1	0.0	8.1
	商业服务业工作人员	5.1	5.1	3.6	4.4	4.5	5.2	4.7	5.0	2.5	7.7	0.0	4.3
	产业工人	10.3	11.2	7.0	8.0	6.9	13.2	6.9	10.2	25	7.7	0.0	12.4
	农业劳动者	13.6	11.2	14.5	9.5	7.7	18.8	14.7	12.7	16.3	15.4	0.0	26.1
	城乡无业、失业者	13.6	15.1	16.6	14.6	14.2	9.1	11.3	15.8	10.0	15.4	0.0	12.7
	学生	15.5	15	18.1	17.1	19.3	11.5	20.1	16.8	26.3	0.0	100.0	5.3
年龄	20 岁以下	83.9	32.6	19.4	47.0	31.4	18.1	18.1	22.4	2.3	0.2	0.2	9.6
	20—39 岁	85.2	26.9	17.0	44.2	27.3	26.4	13.8	13.8	1.7	0.1	0.0	17.2
	40—59 岁	78.2	31.9	16.3	42.4	21.6	28.4	14.8	18.8	1.4	0.3	0.0	24.1
	60—69 岁	77.1	29.2	14.1	23.7	15.0	37.6	11.6	21.2	1.6	0.4	0.0	37.6
	70 岁以上	78.0	28.0	11.0	37.8	3.7	26.8	9.8	22	0.0	1.2	0.0	47.6
性别	男性	83.7	33.1	20	38.4	16.9	25.5	16.1	21.8	2	0.3	0.0	19.7
	女性	79.0	27.7	13.8	42.3	31.5	27.7	13.5	16.6	1.5	0.3	0.1	22.8
城乡	城镇	83.2	31.2	15.1	41.9	23.5	27.6	14.9	19.6	1.5	0.2	0.0	19.2
	乡村	78.2	30.1	20.5	37.3	25	25.2	13.7	18.4	2.2	0.4	0.1	24.3
月收入	2000 元以下	80.2	30.7	18.7	37.4	22.1	25.0	14.0	19.9	1.5	0.3		24.3
	2000—4999 元	84.0	30.4	14.2	39.7	23.9	29.2	13.1	18.1	1.9	0.4		23.6
	5000—9999 元	82.4	32.8	15.4	46.6	26.4	29.0	12.6	18.1	0.5	0.0		17.6
	10000 元以上	80.0	32.9	12.9	50.0	18.6	20.0	20.0	20.0	0.0	1.4		27.1

续表

		主要原因分布占比（%）											
		提高身体素质	社会交往、结交朋友	提高技术水平	减轻压力调节情绪调节精神	健美形体	缓解疲劳	磨炼意志	消遣娱乐、满足兴趣	参赛取胜	商贸媒介	防病治病	其他
地区	武汉市	75.0	30.3	26.7	32.8	21.2	25.6	18	18.4	2.9	0.0	0.1	18.6
	南京市	81.7	33.2	16.7	39.2	24.7	28.8	14	18.3	1.6	0.4	0.1	18
	昆明市	83.7	23.1	9.6	48.7	25.7	21.5	17.6	20.6	1.0	0.5	0.0	31.3
	北京市	82.6	32.5	17.0	39.5	25.1	27.7	12.3	19.0	1.9	0.1	0.0	19.5

十、运动兴趣形成时期

据表 2-37，从运动兴趣的形成时期来看，大部分人在校期间形成了运动兴趣。相比其他职业，产业工人与农业劳动者退休后形成运动兴趣的比例较高，因为他们在校时间较短，而退休后能找到的娱乐方式较少，不同职业与运动兴趣形成时期卡方检验有显著差异（P≤0.05）。

城乡居民都是在校期间形成运动兴趣占比最高，但城镇高于乡村，是由于城镇体育教育水平高于乡村。

从性别角度看运动兴趣的形成时期，男性在校期间形成运动兴趣的比例高于女性，男性多喜欢参加篮球、足球等多人合作项目，在校期间的运动是男性社交的重要活动。女性在退休后形成运动兴趣的比例高于男性，由于女性偏爱的运动项目相比男性没有那么激烈，多喜爱舞蹈、柔力球一类，而这些运动正适合中老年群体锻炼。

随着收入的增加，在校期间和工作阶段形成的运动兴趣有升高趋势，说明收入越高的人群，运动兴趣形成得越早。

不同地区运动兴趣形成时期占比最高的都是在校期间，武汉市与昆明市居民在校期间形成运动兴趣比例非常接近，区别在于武汉市居民"退休后"占比略高于昆明市。北京市居民在"工作阶段"和"退休后"占比都是四个市中最高的，而"工作阶段"比"退休后"高 9.1 个百分点。从数据中可以看出群众运动兴趣的形成受学校教育的影响很大，超过一半的群体运动兴趣萌发于在校期间，这提醒我们要抓住在校的关键时期，积极培养学生的运动习惯。

表 2-37 调查对象运动兴趣形成时期分布

		运动兴趣形成时期分布占比（%）			χ^2	P
		在校期间	工作阶段	退休后		
职业	国家与社会管理者	55.7	31.8	12.5	1239.336	≤0.05
	经理人员	56.1	31.7	12.2		
	私营企业主	51.7	31.6	16.7		
	专业技术人员	56	37.1	6.9		
	办事人员	47.6	42.3	10.1		
	个体工商户	45.6	38.4	16		
	商业服务业工作人员	45.3	34.3	20.4		
	产业工人	40	28.2	31.9		
	农业劳动者	31.4	19.4	49.1		
	城乡无业、失业者	74.4	8.6	17		
	学生	99.4	0.5	0.2		
城乡	城镇	58	24.1	17.9	9.362	≤0.05
	乡村	53.4	25.7	20.9		
性别	男性	61	24.1	14.9	44.362	≤0.05
	女性	53.4	24.1	22.5		
月收入	2000 元以下	57.5	14.9	27.5	243.526	≤0.05
	2000—4999 元	43.8	36.8	19.4		
	5000—9999 元	54.1	38	7.9		
	10000 元以上	65.2	26.1	8.7		

续表

地区		运动兴趣形成时期分布占比（%）			χ^2	P
		在校期间	工作阶段	退休后		
地区	武汉市	68.3	14.4	17.3	141.63	≤0.05
	南京市	53.3	27.1	19.6		
	昆明市	69.4	16.9	13.6		
	北京市	48.6	30.3	21.2		

第二节　体育社会指导员现状

一、等级与人群分布

我国的社会体育指导员被分为四级，从低到高依次为三级、二级、一级、国家级。据表2-38，大多数（65.8%）的社会体育指导员的等级为三级，等级普遍较低，且等级的分布呈金字塔形，最顶尖的国家级指导员仅有6.2%。类型分布基本稳定，技能型与管理型各占近一半。绝大多数（81.3%）的服务是自愿无偿的。

表2-38　社会体育指导员群体分布

		N	百分比（%）
指导员等级	国家级	76	6.2
	一级	140	11.4
	二级	205	16.6
	三级	811	65.8
指导员类型	技能型	594	51.3
	管理型	563	48.7

续表

		N	百分比（%）
服务方式	有偿服务	96	7.7
	自愿服务	1011	81.3
	其他	133	10.7

据表 2-39，对于不同等级的指导员，除性别上不存在显著差异外，收入、职业、年龄、文化程度均存在显著差异。

不同等级社会体育指导员的月收入是不同的，等级与收入之间的差异存在显著性。三级社会体育指导员月收入在 2000—4999 元的比例为 53.9%，而二级社会体育指导员的这一比例上升为 61.6%，一级社会体育指导员这一比例也在 55.2%，但是在国家级社会体育指导员中占 61.1% 的月收入在 2000 元以下，这与其所具有的高水平的社会体育指导能力不相符，应当给予他们发挥自身能力的平台，同时提供一定的资金支持。

不同等级社会体育指导员中各种职业所占比例是不同的，且差异具有显著性（$p \leqslant 0.05$）。三级社会体育指导员中办事人员、农业劳动者、个体工商户是比例最多的前三位，共占总体的一半左右；二级社会体育指导员中，所占比例最多的前三种职业是办事人员、国家与社会管理者和产业工人，也占到了总体的一半；一级社会体育指导员所占比例最多的前三种职业是农业劳动者、产业工人、个体工商户；国家级社会体育指导员中国家与社会管理者占比最多，达到 24.7%。整体来看，办事人员社会体育指导员比例（20.4%）最高，经理人员最低（2.2%）。

在年龄上，不同年龄组中社会体育指导员等级的差异具有显著性，20—39 岁和 40—59 岁这两年龄段是社会体育指导员的中流砥柱。其中既包括了较为年轻的、具有极强学习能力的年轻人，又有富有经验的中年人，这样的年龄构成为社会体育指导员的良性发展奠定了一定的基础。三级社会体育指导员年龄集中在 20—39 岁，二级社会体育指导员年龄集中在 40—59 岁。随着社会体育指导员等级的上升，其年龄的集中趋势逐渐向高年龄段集中，这是因为在我国社会体育指导员等级制度中，从低级向高级晋升的过程中，对从业年限有最低的要求，这就导致了等级越高的社会体育指导员其年龄总体偏大。

在不同等级社会体育指导员中，三级社会体育指导员最多的是大专及以上学历，二级及以上社会体育指导员以高中或中专学历居多。进一步分析发现，在技能型社会体育指导员中，普遍文化水平集中在高中或中专，而在管理型社会体育指导员中，文化水平则较多集中在大专及以上。这是由社会体育指导员类型所决定的，技能型注重对运动技巧的掌握教授，相对文化水平有所欠缺，而管理型则需要较为丰富的管理学知识，所以文化程度较高。

不同地区社会体育指导员等级的差异具有显著性。各个地区各个等级的社会体育指导员数量随等级上升而减少。国家级占比最高的是昆明市，为9.9%，其次是武汉市，为7.7%。

国家级的指导员大多为技能型，随着级别的降低，技能型指导员占比逐渐减少，管理型逐渐增多。

各等级社会体育指导员服务方式中，自愿服务占比较高，有偿服务随着级别的增高占比逐渐增加。这从一定程度上反映出指导员等级越高，得到补偿的可能性越大。

总体来说高等级的社会体育指导员数量偏少，应当加强低等级的社会体育指导员的培养，使其具有更高的指导能力。

表2-39 社会体育指导员情况分布

| | | 社会体育指导员等级占比（%） | | | | | χ^2 | P |
		三级	二级	一级	国家级	总占比		
月收入	2000 元以下	36.4	28.9	30.4	61.1		58.818	<0.05
	2000—4999 元	53.9	61.6	55.2	27.8			
	5000—9999 元	9.3	7.9	9.6	4.2			
	10000 元以上	0.4	1.6	4.8	6.9			

续表

		社会体育指导员等级占比（%）					χ^2	P
		三级	二级	一级	国家级	总占比		
职业	国家与社会管理者	9.1	13.6	8.5	24.7	10.7	61.464	≤0.05
	经理人员	2.3	2.0	2.3	1.4	2.2		
	私营企业主	3.5	4.0	6.2	2.7	3.9		
	专业技术人员	7.4	5.6	7.0	4.1	6.9		
	办事人员	21.9	22.7	10.1	15.1	20.4		
	个体工商户	10.3	9.6	11.6	2.7	9.9		
	商业服务业工作人员	3.5	5.1	2.3	4.1	3.7		
	产业工人	10.0	13.1	14.7	6.8	10.8		
	农业劳动者	18.8	12.1	20.2	16.4	17.7		
	城乡无业、失业者	8.7	6.6	10.1	20.5	9.2		
	学生	4.4	5.6	7.0	1.4	4.7		
性别	男性	44.3	48.0	36.7	42.7		4.439	>0.05
	女性	55.7	52.0	63.3	57.3			
年龄	20岁以下	13.3	12.3	14.3	14.5		58.636	<0.05
	20—39岁	40.1	28.4	22.9	10.5			
	40—59岁	31.1	39.7	32.1	44.7			
	60—69岁	13.8	16.2	27.9	25.0			
	70岁以上	1.6	3.4	2.9	5.3			
指导员文化程度	未上过学	1.9	1.5	1.5	9.3		40.575	<0.05
	小学	5.3	3.4	8.0	12.0			
	初中	28.6	32.5	33.6	28.0			
	高中或中专	29.7	33.0	35.8	30.7			
	大专及以上	34.5	29.6	21.2	20.0			

续表

		社会体育指导员等级占比（%）					χ^2	P
		三级	二级	一级	国家级	总占比		
技能型指导员文化程度	未上过学	0.3	0.0	0.0	7.4			
	小学	4.2	6.0	7.5	11.1			
	初中	29.7	34.0	35.0	31.5			
	高中或中专	30.3	36.0	38.8	37.0			
	大专及以上	35.4	24.0	18.8	13.0			
管理型指导员文化程度	未上过学	2.8	2.2	2.6	15.8			
	小学	6.8	1.1	10.3	15.8			
	初中	24.8	30.0	35.9	15.8			
	高中或中专	29.6	27.8	23.1	10.5			
	大专及以上	36.1	38.9	28.2	42.1			
地区	武汉市	79.7	9.7	2.9	7.7		47.837	≤0.05
	南京市	64.7	20.6	10.2	4.4			
	昆明市	59.1	15.5	15.5	9.9			
	北京市	70.1	15.8	10.9	3.3			
指导员类型	技能型	45.7	52.6	66.4	74.3	51.0		
	管理型	54.3	47.4	33.6	25.7	49.0		
服务方式	有偿服务	5.3	5.8	18.9	24.7	8.1		
	自愿服务	82.2	92.1	76.4	69.9	82.4		
	其他	12.5	2.1	4.7	5.5	9.5		

我们进一步探讨了指导员从事体育指导的原因（表 2-40），调查显示强身健体和兴趣爱好是最主要的原因，其次是防病治病，比例分别是 87.6%、59.1% 和 53%。

表 2-40　社会体育指导员从事该职业的原因分布

原因	N	百分比（%）
强身健体	788	87.6
兴趣爱好	532	59.1
防病治病	477	53.0
公民义务	258	28.7
消遣娱乐	234	26.0
职业发展	164	18.2
社会承认	110	12.2
其他	87	9.7
拓宽社交	46	5.1
经济效益	4	0.4

二、社会体育指导员职业素养及培训

从表 2-41 可以看出，社会体育指导员获取职业素养的来源占比较高的是"各种短期培训""长期锻炼体会""媒体传授"。国家级指导员参加各种"短期培训""媒体传授""体院专业培训"的比例最高，从一定程度上反映了国家级指导员所拥有的知识更为专业。

表 2-41　社会体育指导员获取职业素养的渠道分布

		获取职业素养渠道分布占比（%）					
		长期锻炼体会	各种短期培训	媒体传授	体院专业培训	康复锻炼过程	书籍报刊自学
社会体育指导员等级	国家级	63.2	78.9	52.6	14.5	15.8	39.5
	一级	68.8	69.5	27.3	12.5	18.8	20.3
	二级	64.4	71.6	39.2	7.2	14.9	32.5
	三级	62.4	65.2	46.4	9.5	17.0	36.7

据表 2-42，社会体育指导员迫切希望培训的内容中占比最大的是体育锻炼知识，为 68.3%，其次是具体项目技能，为 61.9%。体育锻炼知识与具体项目技能虽然占比不完全相同，但差别都在 10% 以内，真正有差异的是其他的知识内容，具体来看，国家级指导员在技能方面和组织管理知识方面的需求最高；二级与三级指导员在自身保健知识上的需求高于其他等级指导员。

表 2-42　社会体育指导员希望培训的内容分布

		希望培训的内容分布占比							
		体育锻炼知识	其他具体项目技能	体育基础理论知识	社会体育科研知识	组织管理知识	政策理论知识	经营管理知识	自身保健知识	运动防范知识
社会体育指导员等级	国家级	81.3%	76.0%	28.0%	1.3%	36.0%	4.0%	6.7%	20.0%	13.3%
	一级	69.2%	58.5%	37.7%	6.9%	12.3%	3.8%	2.3%	29.2%	12.3%
	二级	66.1%	63.5%	31.2%	6.2%	14.6%	2.1%	7.3%	40.6%	24.5%
	三级	66.4%	62.7%	37.7%	5.7%	13.9%	2.7%	3.3%	37.8%	20.4%
N		883	800	468	458	256	182	74	54	38
占比		68.3%	61.9%	36.2%	35.4%	19.8%	14.1%	5.7%	4.2%	2.9%

据表 2-43，社会体育指导员所希望的培训形式占比最高的是集中统一面授，辅助自学为主，为 50.0%，按项目和按对象不同分开培训其次，占比相同，都为 22.9%。

表 2-43　社会体育指导员培训形式分布

培训形式	N	百分比（%）
集中统一面授，辅助自学为主	619	50.0
按指导对象不同分开培训	284	22.9
按指导项目不同分开培训	284	22.9
按服务方式不同分开培训	51	4.1

据表 2-44，社会体育指导员群体中，不愿意参加自费培训的占比为 26.6%，愿意的人仅占 11.3%，认为自费培训可以考虑的人占比 62.1%。从数据可以看出，愿意自费参加培训的人数较少，但大部分人认为可以考虑，说明自费培训潜在人群较多。

综合自费培训意愿与人们不培训的原因可以看出，因经费不足而不愿意自费参加培训占比最高；虽然领导不支持，但是可以考虑的占比最高；即使存在有关规定的缺失和自身因素限制，指导员群体愿意参加自费培训的比例较高。

影响社会体育指导员参与培训的因素占比最高的是经费不足，为 57.2%；其次是领导不支持，为 55.7%；再次是有关规定的缺失，为 22.8%。

表 2-44　指导员自费培训意愿与影响培训意愿的因素分布

		影响培训意愿的因素占比					N	总占比
		经费不足	领导不支持	有关规定的缺失	自身因素	其他		
自费培训意愿	不愿意	30.8%	22.9%	20.5%	22.2%	24.3%	335	26.6%
	可以考虑	61.7%	71.9%	66.3%	66.1%	67.6%	781	62.1%
	愿意	7.5%	5.2%	13.2%	11.7%	8.1%	142	11.3%
N		701	682	279	214	39		
总占比		57.2%	55.7%	22.8%	17.5%	3.2%		

第三节　体育志愿者现状

对于全民健身活动指导来说，体育志愿者也是其中不可或缺的一环。从调查结果来看，体育志愿者在调查对象中的比例还是挺高的，达到了 67.3%（表 2-45）。有超过 80% 的志愿者都是志愿参与（表 2-46）。据表 2-47，志愿者参与志愿服务的频率和时长都是较好的，有时参加和经常参加的比例达到76.2%，年志愿服务时长较为集中在10—19小时，占到了总体的1/3。

表 2-45　调查对象体育志愿者分布

是否为体育志愿者	百分比（%）
是	67.3
不是	31.5
其他	1.3

表 2-46　体育志愿者参与志愿服务情况分布

是否自愿参加志愿服务	百分比（%）
是	87.3
不是	10.7
其他	1.9

表 2-47　体育志愿者志愿服务情况及年时长分布

		N	百分比（%）
体育志愿者 志愿服务情况	经常参加	470	31.4
	有时参加	670	44.8
	偶尔参加	265	17.7
	从未参加	90	6.0
体育志愿者 年志愿服务时长	10 小时以下	426	29.2
	10—19 小时	509	34.9
	20—49 小时	208	14.3
	50—99 小时	160	11.0
	100 小时以上	154	10.6

据表表2-48，志愿者在提供志愿服务的具体过程中，时间段多集中于傍晚和双休日，由于大多数人参与体育志愿活动是利用余暇时间，所以在时间上呈现了上述趋势。而志愿服务地点多在社区、广场、公园、街道等地面开阔、免费对外开放的地区，主要是因为健身人群多集中于这些地方。

表 2-48　体育志愿者志愿服务时间段与地点分布

		N	百分比（%）
志愿服务时间段	早晨	506	35.4
	中午	179	12.5
	傍晚	666	46.6
	双休日	649	45.4
	节假日	500	35.0
	其他	24	1.7
志愿服务地点	社区	1093	73.1
	广场	813	54.4
	公园	678	45.4
	街道	495	33.1
	乡村	273	18.3
	学校	247	16.5
	企业	206	13.8
	其他	12	0.8

据表2-49，社会体育志愿者服务对象多为中老年人，一方面是因为参与健身活动的中老年人基数较大，另一方面是因为参与运动的年轻人多选择健身房、体育馆等场所接受有偿的指导。退休人员和学生是接受志愿服务的两大群体，他们有较多的余暇时间，又受经济能力限制，多选择免费的指导。

表 2-49　社会体育志愿者服务对象的年龄及职业分布

		N	百分比（%）
服务对象的年龄	儿童	392	27.1
	少年	491	33.9
	青年	490	33.8
	中年	702	48.5
	老年	830	57.3
服务对象的职业	退休人员	716	48.9
	学生	636	43.4
	企业职工	524	35.8
	无业人员	377	25.8
	农民	367	25.1
	教师	351	24.0
	外来务工人员	280	19.1
	机关干部	225	15.4
	其他	19	1.3

据表 2-50 至表 2-53，76.5%的社会志愿者是经过培训的，社会体育志愿者在全民健身活动中主要担当健身指导员（58.7%）和教练员（43.0%），绝大多数志愿服务是自发参与（62.9%）与无偿的（89.9%）。自发参与虽然极大地激发了志愿者的自主性，但也相对地降低了其组织性。

表 2-50　体育志愿者培训情况分布

志愿者培训的情况	N	百分比（%）
临时培训	696	49.6
专业培训但未获得资格证	377	26.9
未经任何培训	315	22.4
其他	15	1.1

表 2-51　体育志愿者在全民健身中担任的角色分布

角色	N	百分比（%）
健身指导员	873	58.7
教练员	639	43.0
康复保健员	488	32.8
体育管理员	461	31.0
裁判员	440	29.6
体育教师	388	26.1
运动策划员	293	19.7
运动营养师	233	15.7
其他	21	1.4

表 2-52　志愿者参与志愿服务的形式分布

参与形式	百分比（%）
组织参与	37.1
自发参与	62.9

表 2-53　志愿者参与志愿服务的方式分布

服务方式	N	百分比（%）
有偿服务	102	7.1
无偿自愿	1297	89.9
其他	43	3.0

第四节　全民健身活动管理现状

据表 2-54，大部分地区有政府部门领导牵头的全民健身领导机构，其中体育健身俱乐部（84.9%）、项目体育协会（95%）、人群体育协会

（94.1%）是最为普及的基层群众体育组织和社团组织，而官方的社会体育指导中心比例还不到一半，行业体育协会则更少。在一些特殊的少数民族聚居地区，如贵州、云南等，民族传统项目协会也作为基层群众体育组织存在。

表 2-54　基层群众体育组织和社会团体分布

体育组织和社会团体	N	百分比（%）
项目体育协会	113	95.0
人群体育协会	112	94.1
体育健身俱乐部	101	84.9
社会体育指导中心	55	46.2
行业体育协会	43	36.1
其他	5	4.2

就全民健身活动管理方式来说，体育协会管理与体育行政管理占比最高，其次是所属单位管理，可见群体活动管理主要还是依靠行政手段及各协会的管理，下级部门及群众自主管理水平不高（表 2-55）。

表 2-55　全民健身活动的主要管理方式分布

管理方式	N	百分比（%）
体育行政管理	97	90.7
体育协会管理	97	90.7
所属单位管理	53	49.5
自主管理	35	32.7
锻炼场所管理者管理	19	17.8
街头或居委会管理	16	15.0
其他管理	4	3.7

在日常的管理工作中，也会出现许多问题。从表2-56来看，管理人员遇到最多的困难是缺乏体育场地设施（74.8%）和经费（71.8%），其次是管理人员和指导人员的不足（60.2%），可以看出目前的情况下硬件方面是比较缺乏的状态。

表2-56 管理人员在全民健身活动中遇见的困难分布

管理人员在全民健身活动中遇见的困难	N	百分比（%）
缺乏体育场地设施	77	74.8
经费缺乏，筹集渠道不畅	74	71.8
群体管理人员数量不足	62	60.2
缺乏合格社会体育指导员	52	50.5
群众健身消费意识较差	46	44.7
缺乏相应的奖惩措施	41	39.8
政府行政管理部门没有形成应对基层群众体育的直接有效管理	35	34.0
群众建设参与热情不高	28	27.2
缺乏合格体育志愿者	25	24.3
群体法规不健全，无行政指令无法开展工作	25	24.3
权限太小，管理力量不足	18	17.5
涉及机构繁多，难以协调	17	16.5
缺乏理论指导	15	14.6

在管理工作者们自身看来，最突出的问题是全民健身指导工作的科学化程度低（95.1%），工作开展不够广泛（91.4%）。从调查结果来看每项问题的得票率都超过了70%，这说明这些问题是广泛存在的。

表 2-57　全民健身活动管理工作中存在的问题与不足分布

管理工作中存在的问题与不足	N	百分比（%）
全民健身活动工作的科学化程度较低	77	95.1
全民健身活动工作开展不够广泛	74	91.4
缺乏具体的工作目标与指标	66	81.5
政府主导成分过大，社会参与少，社团组织及公民个人作用未得到发挥	66	81.5
传统意识下管理与工作方式大量存在	64	79.0
群众健身的反馈信息不足	58	71.6

　　管理人员在开展工作中面临的另外一个主要问题就是经费不足。体育彩票公益金、政府拨款、体育行政部门拨款占总经费的 85.7%（表 2-58），可见全民健身活动中经费基本上来自政府的支持。

表 2-58　群众体育活动资金来源

资金类型	N	极小值	极大值	和	均值	百分比
体育彩票公益金	92	2%	100%	4262%	46%	39.6%
政府拨款	88	5%	100%	3644%	41%	33.8%
体育行政部门拨款	63	3%	100%	1330%	21%	12.3%
街道、居委会或村委会拨款	9	2%	100%	142%	16%	1.3%
企业赞助	71	1%	50%	795%	11%	7.4%
社会团体拨款	11	2%	30%	102%	9%	0.9%
单位或部门创收	13	1%	20%	108%	8%	1.0%
工会部门拨款	25	1%	25%	179%	7%	1.7%
个人投资	7	1%	20%	50%	7%	0.5%
私人资助	23	1%	30%	161%	7%	1.5%

　　在场地设施使用中来源占比最高的是体育系统内的公共场地设施

（94.5%），社区、公园广场、学校体育场地设施也占了很大比例，经营性体育场所在开展全民健身活动中的比例只达到45.5%，自然场地如街头巷尾、江河湖畔使用率更低（表2-59）。当前场地设施不足，难以满足公众需要，对于这种情况，管理人员的解决措施中，最重要的措施是政府加大建设与投入，其次是促使学校单位开放，最后是提高现有场地利用率（表2-60）。

表 2-59　全民健身活动场地设施来源分布

场地设施来源	N	百分比（%）
体育系统公共体育场地设施	52	94.5
社区或村委会体育场地设施	48	87.3
公园广场	47	85.5
学校体育场地设施	47	85.5
企事业单位场地设施	43	78.2
社会经营性体育场所	25	45.5
街头巷尾	7	12.7
江河湖畔	6	10.9

表 2-60　场地缺乏的解决措施重要程度排序

场地解决措施	重要程度排序
政府加大建设与投入	1
促使学校、单位开放	2
提高现有场地利用率	3
利用公园广场	4
给予优惠政策，鼓励企业、私人兴办体育场所	5
利用户外资源	6
提供场地设施使用费	7

据表2-61、表2-62，在全民健身活动法律法规方面，大部分管理人员认为当前法律法规不健全（61.5%），但在社会体育指导员培训与管理制度、体育场地设施管理制度、社会团体管理制度、经费使用与管理制度上各地普及程度较高，可见基本法律法规已比较健全。但是社会体育督导制度、群众体育检查评比制度和国家体育锻炼标准制度是较为缺乏的，群众体育工作制度、经费使用与管理制度、国民体质监测制度这些制度法规缺乏的比率也在10%左右（表2-63）。此外部分管理人员还提出要细化现有法规政策。

表2-61　管理人员认为全民健身活动法律法规健全程度分布

	N	百分比（%）
健全	47	38.5
不健全	75	61.5

表2-62　全民健身活动法律法规建设情况分布

法律法规	N	百分比（%）
社会体育指导员培训与管理制度	114	91.2
体育场地设施管理制度	110	88.0
体育社会团体管理制度	98	78.4
国民体质监测制度	98	78.4
群众体育工作制度	94	75.2
经费使用与管理制度	93	74.4
国家体育锻炼标准制度	61	48.8
群众体育检查评比制度	52	41.6
社会体育督导制度	43	34.4

表 2-63　全民健身活动法律法规缺乏类型分布

法律法规	N	百分比
社会体育督导制度	78	21.6%
群众体育检查评比制度	70	19.4%
国家体育锻炼标准制度	60	16.6%
群众体育工作制度	33	9.1%
经费使用与管理制度	31	8.6%
国民体质监测制度	29	8.0%
体育社会团体管理制度	28	7.8%
体育场地设施管理制度	18	5.0%
社会体育指导员培训与管理制度	14	3.9%

据表 2-64，关于全民健身活动的人员建设，在群体活动时是有志愿者队伍的，但结构不稳定，大部分需要临时组建（69.4%）。我国在全民健身活动指导中还缺乏较为系统的组织，具有较大的随意性，应当加强在全民健身活动指导的科学化组织管理。

据表 2-65，在全民健身活动中，大部分场所有社会体育指导员或志愿者进行健身指导，完全没有仅占 0.8%，说明社会体育指导员或志愿者参与指导的普及程度比较高。

表 2-64　社会体育志愿者队伍建设情况分布

	N	百分比（%）
无建设规划，临时组建	37	28.2
有建设规划，需要时组建	54	41.2
有稳定的队伍	40	30.5

表 2-65   全民健身活动场所指导服务情况分布

指导服务	N	百分比（%）
大部分场所有	79	60.3
少部分场所有	34	26.0
全部都有	17	13.0
没有	1	0.8

在本次问卷调查中，管理人员认为在多数全民健身活动场地有指导人员，但在现阶段遇到的主要困难中选择"缺乏合格的社会体育指导员或志愿者"的管理人员达到 64.4%（表 2-66），这说明管理人员认为现在的指导员与志愿者专业水平不够，缺乏的不是指导员和志愿者，而是合格的指导员与志愿者；从居民的需求来看，对于高水平的健身指导需求占到了 40.4%（表 2-67），从另一个角度反映了目前指导人员专业性的欠缺。这也暴露了我们的全民健身活动中指导员培训机制的不足。在选择社会体育指导员和志愿者培训的最佳方式上，选择国家培训、义务服务和国家培训、有偿服务总占比 66.4%（表 2-68），可见国家培训这一渠道还是管理人员认为的培训最佳模式。

表 2-66   全民健身活动指导存在问题

内容	N	百分比（%）
缺乏体育场地设施	92	71.30
经费缺乏，筹集渠道不畅	86	66.70
群体管理人员数量不足	72	55.80
缺乏合格社会体育指导员	58	45.00
缺乏相应的奖惩措施	55	42.60
群众健身消费意识较差	54	41.90
没有形成应对基层群众体育的直接有效管理	38	29.50

续表

内容	N	百分比（%）
群众建设参与热情不高	34	26.40
群体法规不健全，无行政指令无法开展工作	33	25.60
缺乏合格体育志愿者	25	19.40
涉及机构繁多，难以协调	23	17.80
权限太小，管理力量不足	21	16.30
缺乏理论指导	16	12.40

表 2-67　在健身活动时希望获得的服务内容

服务内容	N	百分比（%）
良好的健身环境	3118	89.80
高质量的健身场地与设施	2042	58.80
有组织的健身氛围	1577	45.40
配套的休闲娱乐设施	1511	43.50
高水平的健身指导	1404	40.40
配套的保健康复设施	579	16.70
合理收费	185	5.30
其他	3	0.10

表 2-68　认为指导员和志愿者最佳的培训方式分布

培训方式	N	百分比（%）
国家培训，义务服务	46	35.9
国家培训，有偿服务	39	30.5
有偿服务自费培训，义务服务国家培训	37	28.9
自费培训，有偿服务	5	3.9
其他	1	0.8

在国民体质监测中心（站）的建设方面，有67.9%的地区都建有国民体质监测中心（站）（表2-69），总体上能够满足我国国民体质监测的需求。而在建有国民体质监测中心（站）的地区中，拥有1—5个国民体质监测中心（站）的地区（部门）占总体比例的75%，且拥有1—2个国民体质监测中心（站）的居多（68.8%）（表2-70）。在建有国民体质监测中心（站）的地区中，有56.1%的地区配有专职工作人员（表2-71），这一比例还有待进一步的提升。据表2-72，国民体质监测中心（站）存在的问题主要是不能发挥作用（57.3%），造成这一问题的原因主要是群众体质监测意识不强，定期参与国民体质监测的人数还很少。

表2-69　调查地区拥有国民体质监测中心（站）的情况分布

	N	百分比（%）
有中心（站）	89	67.9
无中心（站）	42	32.1

表2-70　调查地区拥有国民体质监测中心（站）的数量分布

	百分比（%）
有一个中心（站）	63.8
有二个中心（站）	5.0
有三个中心（站）	1.3
有四个中心（站）	1.3
有五个中心（站）	3.6
有六个以上中心（站）	25.0

表2-71　调查地区国民体质监测中心（站）专职工作人员配备情况分布

	N	百分比（%）
有专职工作人员	46	56.1
无专职工作人员	36	43.9

表 2-72　调查地区国民体质监测中心（站）存在的问题分布

	N	百分比（%）
沟通不畅	28	37.3
指导不利	28	37.3
开支太大	25	33.3
不能发挥作用	43	57.3

　　全民健身活动是覆盖面极广的活动，举办一次全民健身活动，需要牵扯到部门的方方面面，十分复杂。在活动的准备工作中，不仅要考虑活动的专业性及其效果，而且要考虑活动的安全以及管理，在活动中，管理人员认为与各部门的协调和沟通也是一个十分重要的问题。据表 2-73，在大多数情况下，需要协调体育协会和工会，这主要是为活动的专业性与管理性考虑。也有管理人员专门提到公安部门和乡镇单位，这主要是为活动的安全性考虑；同时教育部门也被众多管理人员提出，由于青少年基本都为在校学生，教育部门是不可忽视的需要协调的公共部门之一。

表 2-73　全民健身活动协调部门分布

协调部分	N	百分比（%）
体育协会	116	89.9
工会	98	76.0
企事业单位	64	49.6
体育俱乐部	62	48.1
共青团组织	55	42.6
妇联	54	41.9
园林市政部门	49	38.0
文化局	48	37.2
街道或居委会	43	33.3

在所有运动项目当中（表2-74），时间是首要的条件，其次就是场地器材。毋庸置疑，充足的时间是参与体育活动的必要条件，完善的场地器材是参与体育活动的现实基础。位列第三的条件在不同体育项目中就呈现了差异，跑步、球类、游泳、登山、健美力量练习、健身操（舞）与秧歌、桥牌的条件是同伴，武术、气功的条件是指导。这里可以看出居民参与体育运动不单单只是为了强身健体，其社交功能越发受到人们的重视，其中武术、气功由于具有较大的技术难度，所以指导成了群众的需求。

表2-74 不同体育项目所需条件分布

体育项目	所需条件分布占比（%）						
	时间	经费	场地器材	指导	同伴	克服懒惰	无须特别条件
跑步	87.1	25.3	65.6	25.7	38.3	24.8	6.2
球类	87.7	28.7	69.9	26.8	38.0	23.9	4.8
游泳	84.9	34.0	68.7	31.5	37.6	22.6	4.2
登山	87.3	22.7	66.5	26.4	42.6	25.6	8.8
健美力量练习	82.5	33.3	65.2	34.1	35.6	26.9	4.2
健身操（舞）、秧歌	87.2	25.7	62.5	29.8	39.8	20.9	9.1
武术、气功	78.8	26.0	55.3	40.7	33.3	23.8	5.5
棋类、桥牌	87.8	26.6	63.2	21.3	46.6	23.7	10.1

据表2-75，良好的健身环境和高质量的健身场地设施是所有运动项目中共同需求的前两位，从需求层面反映了我国体育基础硬件设施的缺乏。但在健身操（舞）、秧歌中，排在良好的健身环境需求之后的是有组织的健身氛围，这与健身操（舞）、秧歌这一项目所具有的团体性特征是吻合的，需求排在第三的才是高质量的健身场地与设施。而在跑步，球类运动，武术、气功中排在第三的需求是有组织的健身氛围，这些运动都带有一定的集体性，通常是多人一起练习，或是需要一定数量的人数开展比赛，或是为了减

少单调运动的枯燥。游泳、健美力量练习中排在第三的需求是高水平的健身指导，这类运动的技术动作较为复杂，需要专业的指导才能掌握。登山，棋类、桥牌中排在第三的需求是配套的休闲娱乐设施，这类运动以休闲为主，需要借助一定的道具或器械，所以对于配套的设施有一定的需求。

表 2-75　不同体育项目需要的健身服务分布

体育项目	健身服务分布占比（%）					
	良好的健身环境	高水平的健身指导	高质量的健身场地与设施	有组织的健身氛围	配套的休闲娱乐设施	配套的保健康复设施
跑步	88.2	33.6	53.1	39.3	37.5	14.2
球类	86.5	34.5	58.2	40.2	38.4	13.2
游泳	87.1	40.7	60.8	37.5	36.1	13.5
登山	86.3	34.5	50.4	40.2	40.6	15.0
健美力量练习	81.0	48.6	53.9	40.6	40.1	11.2
健身操（舞）、秧歌	88.2	38.2	47.3	50.0	37.3	12.9
武术、气功	87.1	40.4	39.0	43.4	32.7	18.4
棋类、桥牌	87.1	26.7	50.9	44.4	51.1	17.0
其他	86.5	28.4	49.1	45.4	36.6	18.5

第五节　互联网健身指导现状

一、互联网健身指导使用人群

在回收的问卷中，共 2413 人选择曾通过互联网获取健身指导，占比 69.4%，这表明当前有健身行为的网民有一大部分曾通过互联网获取了健身指导（表 2-76）。

表2-76 调查对象是否通过互联网获取健身指导

通过互联网获取健身指导	N	百分比（%）
是	2413	69.4
否	1063	30.6

据表2-77，关于互联网健身指导使用人群性别分布，女性使用率为71.4%，男性使用率为67.7%，女性比男性高出3.7%，且他们之间具有显著性差异。从年龄分布上来看，使用率最高的是20—29岁群体，为71.5%，其次是30—39岁，为69.5%，整体来看各年龄段使用率波动幅度约10个百分点，卡方检验结果显示P<0.05，说明不同年龄段是否使用互联网获取健身指导具有差异性。从受教育程度来看，大学本科占比最高，为76.9%，其次是大专，为74.1%，可以看出大专及以上受教育程度者使用互联网健身指导水平较高，都在70%以上，随教育程度增加使用率也有增加趋势，且卡方检验P<0.05，说明各教育程度之间差异具有显著性。从地域分布上来看，省会城市、直辖市及计划单列城市使用互联网获取健身指导比例最高，为75.8%，随着区域等级的降低，使用率有下降趋势，且卡方检验P<0.05，说明各行政区域之间使用率差异具有显著性。从职业分布上来看，卡方检验结果显示P≥0.05，表示各职业间差异不具有显著性。

表2-77 互联网健身指导使用人群分布

		是否使用互联网健身指导			x^2	P
		否（%）	是（%）	合计		
性别	女	461（28.6）	1151（71.4）	1612	5.569	0.018*
	男	602（32.3）	1262（67.7）	1864		

续表

		是否使用互联网健身指导			x^2	P
		否（%）	是（%）	合计		
年龄	19 岁及以下	72（39.8）	109（60.2）	181	18.329	0.001*
	20—29 岁	544（28.5）	1365（71.5）	1909		
	30—39 岁	309（30.5）	705（69.5）	1014		
	40—49 岁	103（36.4）	180（63.6）	283		
	50 岁及以上	34（38.6）	54（61.4）	88		
地区	省会城市、直辖市及计划单列城市	330（24.2）	1032（75.8）	1362	47.580	0.000*
	地级市	382（32.8）	783（67.2）	1165		
	县级市	269（36.5）	468（63.5）	737		
	乡镇及以下	74（38.1）	120（61.9）	194		
	其他	8（44.4）	10（55.6）	18		
文化程度	小学及以下	62（42.2）	85（57.8）	147	123.542	0.000*
	初中	186（49.2）	192（50.8）	378		
	高中（或中专技校）	258（36.8）	444（63.2）	702		
	大专	216（25.9）	618（74.1）	834		
	大学本科	272（23.1）	904（76.9）	1176		
	硕士及以上	68（28.6）	170（71.4）	238		
职业	国家与社会管理者	132（34.6）	250（65.4）	382	10.943	0.205
	专业技术人员	437（30.5）	995（69.5）	1432		
	办事人员	116（26.4）	323（73.6）	439		
	商业服务业人员	128（29.2）	311（70.8）	439		
	农林渔牧水利生产人员	34（27.9）	88（72.1）	122		
	生产运输设备	79（31.3）	173（68.7）	252		
	军人	36（39.6）	55（60.4）	91		
	无职业（含学生）	70（31.1）	155（68.9）	225		
	其他	30（32.3）	63（67.7）	93		

注：＊表示 P<0.05 存在显著性差异。

二、互联网健身指导用户使用现状

（一）整体运动健身信息服务内容

整体运动健身信息服务内容分为资讯类、指导类、监控类和社交类。资讯类指的是获取体育新闻资讯等内容，指导类指的是线上教学以及教练场馆的资源配置等内容，监控类指的是实时记录运动轨迹、监控运动指标等，社交类指的是通过各类社交平台与其他人进行交流讨论。据表2-78，在内容的选择上，调查结果健身指导类占比最高（74.8%），其次是监控类占比37.2%。本书所指的互联网健身活动指导包含了线上教学、资源配置以及实时记录，即指导类和监控类占比之和，说明本书研究的互联网健身服务类型在整体中使用率是较高的。

表2-78　调查对象互联网健身服务内容类型

服务类型	N	百分比（%）
资讯类	888	36.7
指导类	1809	74.8
监控类	900	37.2
社交类	539	22.3

（二）互联网健身指导使用频率

本书将使用互联网获取健身指导的频率分为四种，偶尔与偶尔间接指的是1周2次以下，经常与经常间接是1周3次及以上；间接指的是虽然通过互联网获取了指导，但不是调查对象主动的行为，调查对象没有直接上网获取，而是通过他人的二次传播获取。据表2-79，在通过互联网获取运动健身指导的人中，51.8%为经常使用，31.3%为偶尔使用，说明在使用人群中一半以上已经形成了习惯。而偶尔经过他人的二次传播获取的人群比例为 12.4%。

表 2-79 调查对象使用互联网获取健身指导频率

使用频率	百分比（%）
偶尔	31.3
经常	51.8
偶尔间接	12.4
经常间接	4.5

（三）获取健身指导平台类型

获取健身指导平台类型分为三种：网站、App 和社交媒体，这三种也是本书所选定的研究对象。据表 2-80 所示，社交媒体使用人数最多，达 2038 人，占整体使用互联网获取健身指导人数的 84.5%；健身指导 App 为 1904 人，占整体的 78.9%；最后是网站，为 1333 人，占整体的 55.2%。健身类 App 和社交媒体是最受欢迎的指导平台，用户占整体的 76%，这也与接入设备统计结果相吻合。

表 2-80 健身指导网络平台类型

平台类型	N	百分比（%）
网站	1333	55.2
健身指导 App	1904	78.9
社交媒体账号	2038	84.5

第三章 全民健身活动指导体系构建的基础

第一节 构建全民健身活动指导体系的基本理论

本书以马斯洛的需求理论、法约尔管理理论、自组织理论等为研究基础，综合运用相关知识，从多角度、较为系统地研究和分析全民健身活动指导体系架构的理论依据。

一、马斯洛的需求理论

马斯洛按照需求程度把消费者的需求分成五大类，并且从下到上进行了排列，依次是生理需要、安全需要、归属与爱的需要、尊重的需要以及自我实现的需要（图3-1）。这五种需要都是人的最基本需要，是天生的、与生俱来的。需要的层次越低，它的力量就越强，潜力也就越大；相反，需要层次越高，满足的水平就会越低。[1] 随着需要层次的上升，需要的力量就相应地减弱。大多数人是在满足基本需要以后才去追求更高层次的需要的，但这需要并不一定得到百分之百的满足。许多服务的提供都是为了满足消费者不同层次上的需求，全民健身活动的指导也不例外。

消费者的需求是随着时间、生活方式、爱好而改变的，每个阶段的需求

---

① 沈德立：《基础心理学》，高等教育出版社2012年版，第96页。

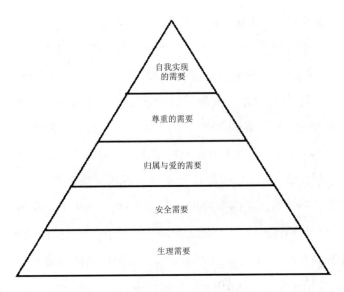

图 3-1　马斯洛需求层次图

都不一样。现阶段体育观赏、娱乐、体育彩票、实物等消费日益旺盛，消费需求的层次性更加突出。2008 年北京奥运会的成功举办，加上我国经济的快速发展，特别是近几年人工智能、信息化的普及和 2022 年北京冬奥会的申办成功，推动了我国全民健身的需求与供给，体育器材、运动服装、健身锻炼场所、健身指导服务站、网络健身咨询指导中心等，都在以有偿地和无偿地不断普及化的趋势出现在大众面前。不仅提高了不同群体体育消费的兴趣，也增强了他们体育消费锻炼的积极性。人们参与体育活动的观念已经在转变，花钱买健康、花钱娱乐已成为人们的一种消费方式或休闲内容，体育需求已经成为大众日常生活方式的主要内容之一。

2016 年印发的《"健康中国 2030"规划纲要》和 2019 年印发的《体育强国建设纲要》使健康中国建设在我国更有助于体育需求与供给的双向发展，并逐渐形成我国特有的体育需求文化体系。体育需求主体的不同和市场总量供给的不足决定了体育需求的不同。而稳定增长是保证体育需求与供给平衡发展的根本前提，经济发展水平是制约体育发展的重要因素，决定着体育需求与供给乃至体育市场与体育产业发展的速度和规模。

从表 3-1 中可以看出，2019 年全年国民总收入为 984179 亿元，相较于十年前翻了 1.4 倍，国内生产总值 986515.2 亿元，全年人均国内生产总值 70581 元。我国总体经济水平发生了巨大的变化。据表 3-2，我国居民消费水平从 2010 年的 10919 元到 2019 年的 27702 元，翻了 1.54 倍。不仅总体的消费增加，消费结构也在发生着深刻的变化。据表 3-3，截至 2019 年，我国居民人均消费 21559 元，其中教育、文化和娱乐一项消费达 2513 元，相较 2013 年增长了 79.8%，并逐年递增。据表 3-4，2019 年，我国体育产业增加值 11248 亿元，比 2013 年增长 216%；占国内生产总值的比重为 1.14%，比 2013 年提高 0.51 个百分点。据图 3-2，我国反映居民富裕程度的恩格尔系数，无论城镇还是乡村从 2013 年开始整体都呈下降态势，从 2019 年的数据看，我国居民恩格尔系数已经进入了联合国划分的 20%—30% 的富足区间。

表 3-1 2010 年、2019 年我国国内生产总值对比①

年份	国民总收入 （亿元）	国内生产总值 （亿元）	人均国内生产总值 （元）
2010 年	410354.1	412119.3	30808
2019 年	984179.0	986515.2	70581

表 3-2 2010 年、2019 年我国居民消费水平对比②

年份	居民消费水平 （元）	农村居民消费水平 （元）	城镇居民消费水平 （元）
2010 年	10919	4786	16565
2019 年	27702	14878	36218

---

① 数据来源：国家统计局网站 https：//data. stats. gov. cn/easyquery. htm？cn＝C01。
② 数据来源：国家统计局网站 https：//data. stats. gov. cn/easyquery. htm？cn＝C01。

表 3-3　2013 年、2019 年我国居民消费支出结构对比①

年份	居民人均（元）	食品烟酒（元）	衣着（元）	居住（元）	生活用品及服务（元）	交通和通信（元）	教育、文化和娱乐（元）	医疗保健（元）	其他用品及服务（元）
2013 年	13220	4127	1027	2999	807	1627	1398	912	325
2019 年	21559	6084	1338	5055	1281	2862	2513	1902	524

表 3-4　2013 年、2019 年我国体育产业发展对比

年份	全国体育产业总量（亿元）		占 GDP 比重（%）
	总产出	增加值	
2013 年	11000	3563	0.63
2019 年	29483	11248	1.14

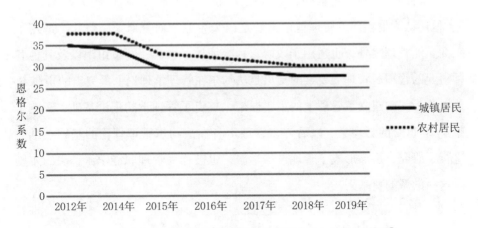

图 3-2　2013—2019 年我国城乡居民家庭恩格尔系数走势图②

以上是我国社会经济发展的几组数据，根据马斯洛的需求层次理论，中

---

① 数据来源：国家统计局网站 https：//data. stats. gov. cn/easyquery. htm？ cn＝C01。从 2013 年起，国家统计局开展了城乡一体化住户收支与生活状况调查，2013 年及以后数据来源于此项调查。与 2013 年前的分城镇和农村住户调查的调查范围、调查方法、指标口径有所不同。

② 数据来源：国家统计局网站 https：//data. stats. gov. cn/easyquery. htm？ cn＝C01。

国居民体育的需求由低级向高级不断发展。运用马斯洛的需求层次理论可以研究全民健身活动的指导如何有效地调动人的积极性，也可以解释科学健身指导的消费需求及其特征。

二、法约尔管理理论

19 世纪末到 20 世纪初产生了以法约尔、韦伯等为代表的管理学派，标志着管理学以一门科学的形式出现。这一时期的管理学被学术界称作经典管理学理论。法国著名管理学者法约尔被看作是第一个概括和阐述了一般管理学理论的管理学家。法约尔关于管理过程和管理理论的开创性研究，特别是关于管理职能的划分以及对管理原则的描述，为后来的管理理论研究和发展带来了非常深远的影响。[1] 他认为管理的过程就是预测和实施计划、组织、指挥、协调、控制五要素的运作过程，与全民健身体系对应的关系见表 3-5。他还认为他创建的管理理论虽然是以大企业为研究对象，但除了适用于工商企业管理之外，也适用于政府、社会团体、教会、军事组织以及其他各种事业的管理。管理五要素的提出是法约尔在管理学理论上最突出的贡献[2]，他以此为基础建立了管理学的主要框架，奠定了管理学的理论基础，影响了整个 20 世纪的管理学。以后许多管理学者在法约尔管理理论的基础上继续进行了研究，逐渐形成了管理过程学派，也被称为管理职能学派，法约尔则是这一学派的奠基人。[3]

---

[1] 黄国庆、巢莹莹：《管理学概论》，清华大学出版社 2014 年版，第 27—30 页。
[2] 姜杰：《西方管理思想史》，北京大学出版社 2007 年版，第 29—30 页。
[3] 于云波：《管理基础实务》，北京交通大学出版社 2009 年版，第 31—34 页。

表3-5　法约尔管理五要素与全民健身活动指导体系的对应关系

要素	内容
计划（政策）	探索未来，制订行动方案指定计划需要组织中所有人的共同参与。一个良好的计划应该具有统一性、连续性、灵活性、精确性4个特点。制订长期计划具有重要性
组织（政府组织和社会体育指导员）	建立组织的物质和社会的双重结构。包括有关组织体系，结构框架，活动内容与规章制度，职工的选拔、任用、奖惩、培训。组织可以分为物质的和社会的组织。组织中的管理人员要具备健康的体魄、旺盛的精力、道德品质、教养、管理能力和一般业务知识这6种才能和条件。成员的素质和首创精神决定了组织的效率。职工的培训方面应当注重管理培训，减少技术培训
指挥（如何进行指导）	使员工发挥自身潜力的一种领导艺术。在组织管理中应采用参谋职能制。指挥人员应具备8个条件：①对自己的手下人员有深入的了解；②淘汰不胜任的人；③制定约束企业和员工的合同；④树立榜样；⑤定期检查账目；⑥召集主要助手参加会议以便统一指挥和集中精力；⑦不要把精力浪费在细节琐事之中；⑧要使员工保持团结努力、勇于创新的工作精神
协调（体系之间的相互关系）	调动一切可以联合的力量实现组织目标，使企业的一切工作都和谐进行并且相互配合。协调分析：①各个部门的工作是否与其他部门协调一致；②各个部门的各个部分对自己应承担的责任和彼此之间的义务是否明确清楚；③每个部门的计划是否做到随时间和其他情况的变化而有所调整
控制（监督反馈）	根据所制定的方案、规定的原则和下达的命令检查企业的各项工作是否与之相符，目的在于及时纠正工作中出现的缺点和错误，避免重犯。为了有效控制，活动必须马上执行，伴以适当的奖励和惩罚。控制应根据工作性质和对象的不同，采取不同的方式

　　法约尔提出管理的五要素以后，又有学者认为人员配备、领导激励、创新等也是管理的职能，因此管理的基本职能分为七类，即决策、计划、组织、人员管理、指导与领导、控制、创新。其中人员管理是最重要的因素，也是管理的核心。人员管理就是对各种人员进行恰当而有效的选择、培训以及考核等，其目的是为了在组织机构规定的各项职务上配备、充实合适的人员，以保证组织活动的正常进行，进而实现组织既定的任务和目标。人员配备与管理的其他四个职能——计划、组织、指导与领导、控制，都有着密切的关系，直接影响组织目标能否实现。

三、自组织理论

一般来说，组织是指系统内的有序结构或是这种有序结构的形成过程。德国理论物理学家哈肯认为，从组织的进化形式来看，可以把它分为两类：自组织和他组织。一个系统如果是按照相互默契的某种规则，各尽其责而又协调、自动地形成有序的结构，就是自组织；相反，一个系统如果是靠外部指令而形成的组织，就是他组织。自组织现象在自然界和人类社会都普遍存在。一个系统内自组织功能越强，其保持和产生新功能的能力也就越强。

自组织理论是在 20 世纪 60 年代末开始建立的一种系统理论，主要是在贝特朗菲的一段系统论的基础上创新发展起来的。它的研究对象主要是复杂的自组织系统（如生命系统、社会系统等）的形成和发展机制问题，即在一定条件下，系统是如何自动地由无序到有序，由低级有序到高级有序的方向发展。

自组织理论主要由三个部分组成，分别是耗散结构理论、协同学和突变论。但其基本思想和核心理论完全由耗散结构理论和协同学构成。自组织理论以新的概念和理论方法研究自然界和人类社会发展中的复杂现象，并探索这些复杂现象如何演化成基本规律。例如自然界中的非生命的物理、化学过程怎样过渡到有生命的生物现象，到人类社会从低级走向高级的不断进化等，都是自组织理论研究的范围和课题。

表 3-6　自组织理论

理论名称	主要内容	代表人物
耗散结构理论	主要研究系统、环境之间的物质与能量交换关系及其对自组织系统的影响等问题。建立在与环境发生物质、能量交换关系基础上的结构即为耗散结构。耗散结构出现条件：远离平衡态、系统的开放性、系统内不同要素间存在非线性机制。主要研究系统内部各要素之间的协同机制，系统各要素之间的协同是自组织过程的基础，系统内各序参量之间的竞争和协同作用使系统产生新结构的直接根源。	伊里亚·普里戈金

续表

理论名称	主要内容	代表人物
协同学	系统要素的独立运动或在局部产生的各种协同运动以及环境因素的随机干扰，系统的实际状态值总会偏离平均值，这种偏离波动大小的幅度就叫涨落。当系统处在由一种稳定态向另一种稳定态跃迁时，系统要素间的独立运动和协同运动进入均势阶段时，任一微小的涨落都会迅速被放大为波及整个系统的巨涨落，推动系统进入有序状态。	赫尔曼·哈肯
突变论	建立在稳定性理论的基础上，突变过程是由一种稳定态经过不稳定态向新的稳定态跃迁的过程，表现在数学上是标志着系统状态的各组参数及其函数值变化的过程。即使是同一过程，对应于同一控制因素临界值，突变仍会产生不同的结果，即可能达到若干不同的新稳定态，每个状态都呈现出一定的概率。	德弗里斯

自组织和他组织概念的提出，为人们分析和研究社会演进的动力机制、社会变迁的深层动因等提供了新的视角。[①] 自组织概念说明，在没有外界的特定干预下，组织会依循一定的逻辑，自主、自发地与周围环境发生物质、能量方面的转换，从而获得发展的持续动力。特别是在政府、第三部门和营利性组织之间，"在政府缺位时，社会会运用自身的一整套规则、组织、机制与制度将呈原子状的个体有机联系起来，使他们有序地相处，实现各种目标"[②]。全民健身活动指导体系的运行离不开自组织所起的作用和价值。

四、供求关系理论

早在 19 世纪中叶，马克思在创建他的劳动价值学说时，就论述了供给与需求问题。

在马克思看来，供给"就是处在市场上的产品，或者能提供给市场的产品"。也就是说，供给者就是商品的生产者或卖者。马克思认为，在经济社

[①]　汪流等：《全民健身活动组织模式选择》，《体育文化导刊》2010 年第 3 期。

[②]　曾峻：《公共秩序的制度安排——国家与社会关系的框架及其运用》，上海学林出版社 2005 年版，第 60 页。

会里，个人不过是作为社会力量的一部分，"作为总体的一个原子来发生作用。"所以，生产和消费、供给和需求以及竞争等都具有社会性质，因此，供给是"某种商品的卖者或生产者的总和"，需求是"这同一种商品的买者或消费者（包括个人消费和生产消费）的总和"，而且这两个总和作为两个集合力量互相发生作用。需求方面有一定量的社会需求，供给方面则有不同生产部门的一定量的社会生产与之相适应。如果考虑再生产因资本积累每年在扩大，供给也就是生产还要有一定的追加量①。

马克思肯定供给与需求对价格的调节作用。他说："供求调节着市场价格，或者确切地说，调查着市场价格同市场价值的偏离。"他还说："供求关系一方面只是说明市场价格同市场价值的偏离，另一方面是说明抵销这种偏离的趋势，也就是抵销供求关系的影响的趋势。""调节需求原则的东西，本质上是由不同阶级的相互关系和它们各自的经济地位决定的，""如果某种商品的产量超过了当时社会的需要，社会劳动时间的一部分就浪费掉了，这时，这个商品量在市场上代表的社会劳动量就比它实际包含的社会劳动量小得多。"在这种情况下，这种商品的价格必然下降，甚至有一部分根本卖不出去。由此马克思提出，用来生产某种商品的社会劳动量，要和满足社会需要的规模相适应②。

马克思的供求理论对社会主义市场经济体制的启示。一是我们在建立社会主义市场经济过程中，必然注意对供求关系的研究。了解社会主义市场，很重要的一点就是了解市场上的供求变化，分析社会主义市场上供求关系的变动对价格的作用，从而有针对性地对市场进行调控，增强对市场的预见性，减少盲目性。二是马克思不但指出供求调节价格，价格调节供求的相互关系，而且特别重视研究是什么规律调节着供给和需求。在社会主义市场经

---

① 罗时法：《论马克思的供求理论——兼评西方经济学的供求学说》，《贵州师范大学学报》（社会科学版）2001年第1期。

② 罗时法：《论马克思的供求理论——兼评西方经济学的供求学说》，《贵州师范大学学报》（社会科学版）2001年第1期。

济中，同样要注意研究调节社会主义供求的规律，特别是各阶层的收入如何形成需求，生产者如何围绕社会主义生产目的形成供给，只有了解了社会主义供求规律，才能掌握市场价格变动的趋势，更主动地驾驭市场①。

体育属于公益事业，是国家为了满足人民群众的公共需求所提供的服务，是一种公共服务。从供给需求的角度来分析全民健身活动指导中政府、市场、非营利性组织与大众需求的关系，可以较为准确地辨析三者在其中所扮演的角色，明确各自的权利和义务，为全民健身活动指导体系的构建提供坚实的理论基础。

第二节　国家发展战略需求

2014 年 10 月，《国务院关于加快发展体育产业 促进体育消费的若干意见》（国发〔2014〕46 号）发布，将全民健身上升为国家战略，并提出"加强体育运动指导，推广运动处方"。2016 年 3 月，《中国国民经济和社会发展第十三个五年规划纲要》中提出"健康中国行动计划"，要"加强体质测试与健身指导服务"。2016 年 5 月，国家体育总局《体育发展"十三五"规划》指出"加大科学健身指导和宣传力度""加快建设水平较高、内容完备、惠及全民的基本公共体育服务体系"。2016 年 6 月，国务院印发的《全民健身计划（2016—2020）》提出"研究制定并推广普及健身指导方案、运动处方库和中国人体育健身活动指南，开展运动风险评估，大力开展科学健身指导，提高群众的科学健身意识、素养和能力水平""因时因地因需开展群众身边的健身活动，分层分类引导运动项目发展，丰富和完善全民健身活动体系"。2016 年 10 月，《"健康中国 2030"规划纲要》提出"普及科学健身知识和健身方法，推动全民健身生活化。组织社会体育指导员广泛开展

---

① 罗时法：《论马克思的供求理论——兼评西方经济学的供求学说》，《贵州师范大学学报》（社会科学版）2001 年第 1 期。

全民健身指导服务。实施国家体育锻炼标准，发展群众健身休闲活动，丰富和完善全民健身体系""加强全民健身科技创新平台和科学健身指导服务站点建设"等。2017 年 10 月，习近平总书记在党的十九大报告中指出："广泛开展全民健身活动，加快推进体育强国建设""筹办好北京冬奥会、冬残奥会"。2019 年 8 月，国务院办公厅印发《体育强国建设纲要》，提出"落实全民健身国家战略，助力健康中国建设"。2021 年 3 月发布的《中华人民共和国国民经济和社会发展第十四个五年规划和 2035 年远景目标纲要》提出"广泛开展全民健身运动，增强人民体质"。

另外，我国居民的身体健康状况不乐观。根据国家权威机构发布的数据报告显示，我国青少年身体形态发育水平，即身高、体重和胸围等发育水平继续提高，但是大学生身体素质继续呈现下降趋势，视力不良检出率仍然居高不下，继续呈现低龄化倾向，各年龄段学生肥胖检出率持续上升。[①] 此外居民体质下降与肥胖问题的凸显，慢性疾病的高发，无疑是影响健康中国建设的重要因素（表 3-7）。

表 3-7　2020 年我国居民超重率和肥胖率[②]

年龄段	超重率	增长率（相较于 2012 年）	肥胖率	增长率（相较于 2012 年）
成人	34.3%	14.0%	16.4%	37.8%
6—17 岁儿童青少年	11.1%	15.6%	7.9%	23.0%

从这一系列国家颁布的政策文件以及我国居民的身体健康状况来看，构建全民健身活动指导体系不仅是回应广大人民群众科学健身、向往美好生活的迫切需求，也是国家发展全民健身的重要战略需要，更是加快推进健康中国建设、实现体育强国的迫切需要。

---

① 国家体育总局：《2014 年全国学生体质健康调研结果》，《中国学校卫生》2015 年第 12 期。
② 《中国居民营养与慢性病状况报告（2020）》，《营养学报》2020 年第 6 期。

第三节　全民健身活动指导的需求与供给

一、全民健身活动指导的需求

（一）社会发展的必然

党的十九届五中全会通过的《中共中央关于制定国民经济和社会发展第十四个五年规划和二〇三五年远景目标的建议》已将"建成体育强国"纳入二〇三五年基本实现社会主义现代化远景目标。为了使每一位公民都能参与和享受到体育的乐趣，满足人们日益增长的多样化体育需求，需要大量的社会体育健身指导来服务日渐增长的全民健身需求。为了适应社会的发展需要，如由国家体育总局科研所主办，地方各省市体育局承办的全国首个大型科普健身活动——"科学健身中国行"。自 2009 年开办以来，走进了湖南、湖北、安徽、浙江等 20 多个省（自治区、直辖市），覆盖了近 80 个城市。义务为广大群众提供科学健身指导服务，活动开展期间，每站都开展了丰富多彩的科学健身活动，如体质检测、科学健身走、科学健身大讲堂等。由国家体育总局运动医学研究所主办的"科学健身大讲堂"活动，2017 年开展了 10 场讲座，通过"科学健身大讲堂"把更多、更好的科学健身知识带到大家身边，为全民健身保驾护航。由田径运动协会认证的马拉松，2019 年共举办了 357 场。每一场比赛报名踊跃，场面空前，起到了良好社会效果。这一系列活动的开展，不仅满足了广大人民群众的健身需求，也适应了社会的发展。目前，各种形式的科普健身活动在全国广泛开展，但是在有些活动或比赛中也出现了意外的情况，这与缺乏科学健身指导有一定的关系。

2000 年以后，我国就已步入了老龄化社会，关注老年人健康是社会发展的重要标志。当前，康养结合养老院的建设、社区体育医生的设立、运动处方的研制、运动处方师的培训等已纳入国家的发展规划，有的已经在进行当中。这不仅是社会发展需要全民健身的科学指导的标志，同时也说明科学健身指导适应了社会的发展需求。与此同时，全国也在广泛开展体育特色小城和小镇的建设，这也是适应多元化社会发展的一种需求，到目前为止，全国已经有96个地方获得了批准。

由于多元化的社会阶层结构和不同群体个人的需求差异，需要不断提高全社会科学健身指导的质量，逐步完善全民健身活动指导体系。现阶段我国对全民健身活动指导体系的需求主体是国家、社会和公民三维需求的统一体。处于社会转型期快速发展的中国社会，阶层等各种因素影响群众健身活动行为、价值观和需求，并起着重要的作用。各阶层群众对健身活动指导要求越来越高也是社会发展的一种趋势和必然。

（二）人自身发展的需求

根据马斯洛的需要理论，人在满足最低层次基本的物质需求后，就会更多地转向实现自我精神需求。随着我国经济的发展，人们的生活方式正迅速发生着根本性的转变，尤其是大城市高度紧张的快节奏生活方式给人们健康带来危害。人们对自身身体健康的生活质量的追求也日趋高涨，比如不惜花重金请私人教练指导、参加各社区的体育健身活动、全国各地广泛开展的广场舞，等等。"花钱买健康""花钱娱乐"的健身意识也日渐高涨。现在各地举办各种群众性活动也是如火如荼，各种培训班、讲座，一场接一场。但是，有些活动只注重表面，并没有真正落到实处，没让老百姓真正感受到实惠。本书对全民健身活动指导体系的现状调查在一定程度上显示了大众对科学健身指导以及环境的需求。

根据本书的调查，在对"健身活动对改善、提高业余文化生活质量"的选项中，健身人群具有统计意义上的显著差异性。健身活动对改善、提高业余文化生活质量，以及健身时的组织指导，认为比较重要的人数最多，分别是2379和2285人次（见表3-8、表3-9）。通过交叉分析（见表3-10），认为健身活动对改善、提高业余文化生活质量非常重要的群体中，认为健身时组织指导非常重要的比例是最高的，达到61.3%。认为健身活动对改善、提高业余文化生活质量比较重要的群体中，持有健身指导比较重要的观点的比例最高，为68.2%。可以看出，健身人群对于健身活动改善、提高业余文化生活质量的认识以及健身时组织指导的重要性的认识具有一致性。认为健身活动对改善、提高业余文化生活质量有重要影响的群体具有较好的健康意识，所以在健身过程中对指导的重要性较为看重。

而在健身时组织指导的重要性的选择中，比较重要和非常重要的合计比例达到76.1%，大多数人对于健身指导还是持有积极心态的，值得注意的是，还有1/5左右的被调查者认为健身指导重要程度一般，反映出群众对于健身指导的认识不够，应当加强健身指导的宣传教育工作。

表3-8 调查对象认为健身活动对改善、提高业余文化生活质量的重要程度分布

重要程度	N	百分比（%）
非常重要	1070	22.5
比较重要	2379	50.0
一般	1134	23.8
不太重要	140	2.9
非常不重要	39	0.8

表3-9 调查对象认为健身时组织指导的重要程度分布

重要程度	N	百分比（%）
非常重要	1083	23.4
比较重要	2285	48.9
一般	1092	23.2
不太重要	167	3.6
非常不重要	45	1.0

表 3-10　健身活动改善、提高业余文化生活质量与健身时的组织指导交叉分析

		健身时组织指导的重要程度（%）				
		非常重要	比较重要	一般	不太重要	非常不重要
健身活动对改善、提高业余文化生活质量的重要程度	非常重要	61.3	27.2	9.7	1.4	0.4
	比较重要	14.8	68.2	14.7	2.0	0.3
	一般	8.7	32.2	54.6	4.0	0.5
	不太重要	10.4	26.9	16.4	42.5	3.7
	非常不重要	5.3	18.4	10.5	7.9	57.9
$\chi^2 = 3744$　　P<0.01						

　　在健身设施的重要程度选择中，选择比较重要的人数最多，达到 50.7%，其次是非常重要，达到 30%，两项合计为 80.7%，表明大多数人认为健身设施环境是很重要的（表 3-11）。

　　在健身活动对改善、提高业余文化生活质量的认识和健身时设施环境的认识中，健身人群在这两项的选择上差异具有统计意义上的显著。认为健身活动对改善、提高业余文化生活质量非常重要的人群中，对健身时设施环境持非常重要观点的人群是最多的，达到 69.4%。认为健身活动对改善、提高业余文化生活质量比较重要的人群中，持有健身时设施环境比较重要的观点人群是最多的，是 70.5%（表 3-12）。可以看出健身人群在健身活动对改善、提高业余文化生活质量的认识和健身时设施环境的认识以及健身时组织指导认识中有一定的内在一致性，健身活动对改善、提高业余文化生活质量有重要影响的人群，说明其具有较好的健康意识，所以在对健身过程中对指导以及环境重要性较为看重。

表 3-11 健身时设施环境重要程度分布

	N	百分比（%）
比较重要	2416	50.7
非常重要	1430	30.0
一般	764	16.0
不太重要	115	2.4
非常不重要	38	0.8

表 3-12 健身活动改善、提高业余文化生活质量与健身时的设施交叉分析

		健身时设施环境的重要程度（%）				
		非常重要	比较重要	一般	不太重要	非常不重要
健身活动对改善、提高业余文化生活质量的重要程度	非常重要	69.4	26.5	2.9	1.1	0.1
	比较重要	21.2	70.5	6.9	1.1	0.3
	一般	13.3	36.6	46.9	2.7	0.5
	不太重要	22.1	22.8	21.3	31.6	2.2
	非常不重要	7.7	15.4	12.8	10.3	53.8
	$x^2 = 3925$		P<0.01p			

二、全民健身活动指导的供给

（一）自我供给

体育健身是一种高度个性化的行为，任何市场都无法取代这种个性化行为。人们日常的健身活动是复杂而零碎的，将所有的健身活动都纳入市场中进行交换会有太高的交易成本，另外，分工再细也无法渗透到个人健身活动的所有领域中来。以完全的个人活动型项目为例，健身"气功"就根本无法进行分工，只有通过自身的个人行为活动来完成。自我供给的健身服务是一种相对个人的行为活动，这类健身服务的供给一般对他人、社会性健身设施

以及服务的依赖性较小。目前在我国全民健身服务中，大部分人群的健身活动都是以个人供给的方式来完成的，这是健身服务供给最主要的渠道。

（二）公共供给

1. 政府公共供给

随着我国社会经济的快速发展，人民对全民健身活动的需求和要求越来越高，政府供给是根据社会的公共体育需求来提供公共体育服务的。公共部门供给的健身服务是指政府公共部门提供的非营利健身服务。它们向公众提供服务时只收取成本价格甚至免费，收入所得不会被所有者分红或再投资，而是用来补贴组织的正常运转和发展。它们提供的健身服务主要是为了尽可能多地满足大众对健身服务的基本需要，而不是获取利润。当国家政府财政投资难以满足日益见长的健身需要时，将会把注意力转向市场，向社会寻求资本或帮助。2016年3月国家体育总局颁布的《国家体育总局购买体育科技服务管理办法》，虽然覆盖范围还不全面，有些地方也有待进一步完善，却打破了"政府包办，政府对体育事业统得过死"的局面，说明政府也在探索通过一种灵活的、多样的方式为公共体育或全民健身提供服务。

2. 市场组织供给

市场组织供给一般包括营利性和非营利性两种，但以营利性的组织供给居多。营利性组织的最终目的是以营利为首要目标，赚取最大化经济利益。非营利性组织也被称为公益性组织或志愿性组织。在我国体育领域活跃着大量的健身和娱乐俱乐部、运动协会、体育社团等各种体育社会组织，这类组织一般都是以满足社会成员的需求，为成员提供各种服务作为自己的首要目标的组织。这类组织的资金主要来源于社会的各种捐助，开展的活动也都是以受过培训的专业人员和大量的志愿者组织，向喜爱健身活动的大众免费提供某些特定的体育健身服务。

健身服务公共产品的性质和供给的层次性决定了每一个层次上的内容并

不相同。中央政府提供的健身活动指导服务公共产品面向的是全国，供给主要体现在健身活动知识系统、健身活动条件支持系统两个方面；地方政府提供的健身活动指导服务公共产品面向的是本地区，主要体现在本地区的信息供给系统、健身活动指导设施系统两个方面；非营利性组织则重点提供具体的科学健身指导、活动组织以及对社会弱势群体的健身服务。健身服务公共产品的性质不同或供给层次不同，供给的对象或供给的产品也是不同的。另外，政府由于自身财力、行为目标等原因，不可能获得市场需求的所有信息，也有可能对于政府来说有些公共产品的供给是不必要的，这就需要市场来弥补政府的供给不足或空缺。因此，在产品或服务的供给方面需要政府、非营利性组织、市场三位一体共同提供健身服务。

第四章　全民健身活动指导体系
基本模式的构建

第一节　构建思路、基本理念、原则和框架

一、构建思路

我国全民健身活动指导体系的构建要以人民的健康为中心，以科学指导为原则，以政策法规制度为保障，以健身方法的研究与推广为措施，以全民健身指导人力资源为动力，建设科学健身指导平台。同时，坚持政府主导，发挥市场机制作用，各部分相互配合，全民推进，协同发展。

二、构建的基本理念

理念是人们对客观世界的理性认识。理念一旦形成，对人们的行为就具有驱动导向和制约作用，它是所有种类的管理文化中最基本、最核心的内容，是不同行为赖以存在和相互区别的依据。社会发展实践证明，任何变革都是从观念层面开始的，"思想解放是社会变革的重要前提，理念创新是一切创新的理论先导"。

(一) 以人民健康为中心的发展思想理念

"以人民为中心的发展思想，是一场深刻的思想改革。"以人民为中心的发展思想，并非只是停留在理念层面。健康是促进人全面发展的必然要求，是经济社会发展的基础条件。实现国民健康长寿，是国家富强、民族振兴的重要标志，也是全国各族人民的共同愿望。"健康是立身之本，是强国之基，是全面建成小康社会的重要内涵，也是人类社会发展福祉的永续追求。"党的十九大关于实施"健康中国"战略和"加快推进体育强国建设"的要求，把人民的健康放在优先发展的战略地位，推动全民健身和全民健康深度融合，科学精准地传播健身知识和运动技能。当前，中国特色社会主义已经进入了一个新的发展时代，也是全面建设社会主义现代化强国的时代。要实现新时代的宏伟目标，科学健身、全民健康是其中不可或缺的重要一环。

科学是使主观认识与客观实际相统一的实践活动，是通往预期目标的桥梁，也是联结理想与现实的纽带。科学是具体的事物及其客观规则，具体的实事求是，诸多的实践经验，实证之学。科学的主要内容是具体的世界观与具体的方法。也可以说科学是使主观认识符合客观实际（客观事物的本来面貌，包括事物的本质属性、实际联系、变化规律）和创造符合主观认识的客观实际（使主观认识转化为客观实际事物、条件、环境）的实践活动。因此，全民健身离不开正确、合理的科学指导，健康的体魄、强壮的身体需要我们依靠科学去管理。

2016年，我国颁布《"健康中国2030"规划纲要》（以下简称《规划纲要》），《规划纲要》中充分体现了以人民健康为中心的发展理念。目前，全世界只有美国的《国民健康十年计划》、日本的《"健康日本21"计划》以及我国的《规划纲要》，而中国则是世界上第一个制定《规划纲要》的发展中国家。

健康的问题，也是人的发展生命周期问题，因为人的发展能力是人的生命周期的函数，是人在一生当中对人力资本持续投资而获得的总能力。从人的生命周期来看，可分为两个维度：第一个是年龄维度，包括婴儿出生前后期、婴儿期、儿童期、少年期、青年期、成年期、中年期、老年期、高龄期（80岁以上）；第二个是能力维度，包括体现健康人的身心健康能力、受教育者的学习教育能力、文化人的文化文明能力、人的就业创业能力，以及抵御社会风险能力和社会保障能力。

《规划纲要》体现了立足全人群、全生命周期、全体人民的理念。《规划纲要》提出了要立足全人群和全生命周期这两个着力点，为人民提供公平可及、系统连续的健康服务，实现更高水平、高质量的全民健康。"惠及全人群"就是不断完善制度、扩展服务、提高质量，使全体人民享有所需要的、有质量的、可负担的预防、治疗、康复、健康促进等健康服务，突出解决好妇女儿童、老年人、残疾人、低收入人群等重点人群的健康问题。"覆盖全生命周期"就是针对生命不同阶段的主要健康问题及主要影响因素，确定若干优先领域，强化干预，实现从胎儿到生命终点的全过程健康服务和健康保障，全面维护人民健康。

《规划纲要》中包括"五个全"。一是按照人的发展生命"全周期"来设计，即从胎儿到生命终结的全周期。二是各类健康服务"全过程"，从卫生与健康的服务维度来看，包括全民医疗卫生服务、全民健康监测、全民健康教育、全民疾病预防、全民医疗卫生保障、全民健身服务、环境治理、食品药品安全等方面。三是涵盖不同类型的"全人群"，包括少年儿童、中小学生、妇女、老人、少数民族人口以及其他特殊人群的健康等，尤其是贫困地区学生等。四是融入现代化"全局"，包括健康服务政策、健康保障政策、健康环境政策、发展环境产业政策、普及健康和健身生活知识教育政策等。五是惠及"全体人口"，实现全体人民共同建设健康中国、共同分享健康中国，即共享共建。①

---

① 《中共中央 国务院印发〈"健康中国2030"规划纲要〉》，2016年10月25日，http://www.gov.cn/zhengce/2016-10/25/content_5124174.htm。

从这五个"全"可以看出，以人民为中心的发展思想不只是停留在理念层面，而是体现在了国家的专项规划中。"以人民健康为中心的发展思想"将加快推进健康中国的实施和体育强国的建设，使我国早日实现具有中国特色的社会主义的现代化国家。

（二）坚持改革创新的发展理念

党的十九大报告中明确提出了坚持创新的发展理念。发展是解决我国一切问题的基本和关键，发展必须以科学发展为主导，坚定不移贯彻创新、协调、绿色、开放、共享的发展理念。全民健身的需求主体是国家、社会和公民个体三维需求的统一体。处于社会现代化转型期的中国社会，阶层因素在影响群众健身活动行为、价值观和需求的因素中起着重要的作用。目前在全民健身活动中，存在科学健身指导力量薄弱，接受体育锻炼指导人数的比例较低，慢性病预防和康复知识和方法的缺乏等现象。[①]

我国正处在一个改革发展的重要时期，存在这样或那样的问题也在所难免。这就需要我们在发展中去改革和创新，去解决遇到的新问题。《规划纲要》和《全民健身计划（2016—2020）》的颁布，为今后一段时期我国全民健身改革与创新的发展提出了明确的发展思路和具体的实施措施。加强体医融合和非医疗健康干预是《规划纲要》中提出的重要内容之一，这也是如何开展好全民健身活动、发展创新科学健身指导的突破点之一。通过研制开发针对不同人群、不同环境、不同身体状况的运动处方和全民健身活动知识库，把人工智能和信息化新技术运用到全民健身活动指导中，加强全民健身科技创新平台和科学健身指导服务站点的建设，推动形成体医结合的疾病管理与健康服务模式的措施，提高全民健身方法和手段的科技含量，就能够发挥科学健身在健康促进、慢性病预防和康复等方面的积极作用，解决全民健

---

① 《国务院关于加快发展体育产业 促进体育消费的若干意见》，2014 年 10 月 20 日，http：//www. gov. cn/zhengce/content/2014-10/20/content_ 9152. htm。

身中存在的问题。只要我们坚持"改革创新""运动是良医"的发展理念，广泛开展全民健身运动，加强科学健身指导，就能够逐步实现"人民身体素质明显增强"和"群众的科学健身意识、素养和能力水平大幅度提高"的目标。

（三）多层次全方位的供给理念

我国中央和地方政府的事权划分及财政税收体制，决定了全民健身活动作为公共产品的政府指导平台是有层次性的，即中央、省（自治区、直辖市）、地级市（区）、县（市）、乡镇（街道）五个层次。① 全民健身服务公共产品供给的分级体制进一步明晰了各级政府的责任和义务，即中央政府提供的体育健身服务面向全国，地方各级政府提供的体育健身服务面向本地区。同时，我国经济的发展又存在东、中、西部的差异，人群又有儿童、青少年、成年、老年之分，以及金融、公安、建筑等不同行业。科学健身指导面临全方位、多层次的复杂局面，因此，科学健身指导作为一项公共产品，只有秉承全方位、多层次需求的理念，在供给各个层次时，从大局出发，按全局考虑才能满足大众对科学健身指导的不同需要。中央政府提供的健身活动指导公共产品主要体现在健身活动条件支持系统和健身活动知识系统等方面，地方政府提供的健身活动指导公共产品主要体现在本地方的健身活动指导设施系统和信息供给系统等方面。

另外，非营利性组织重点提供具体的体育健身指导、活动组织以及对社会弱势群体的科学健身指导服务。虽然以企业投资为主体的多元化科学健身指导体制尚未形成，但是政府提倡和"鼓励企业参与全民健身科技创新平台和科学健身指导平台建设"②，对于搞活全民健身科学研究和科学健身指导市场，引导和刺激大众的体育健身消费，满足大众科学健身指导的需求提供了

---

① 徐圣霞：《多元化全民健身服务模式之探讨》，《科技视界》2015 年第 34 期。
② 马得平：《"健康中国"视阈下我国体育健身休闲业发展研究》，《浙江体育科学》2016 年第 5 期。

政策上的支持。

三、构建的原则

（一）坚持健康促进原则

《规划纲要》中明确提出了健康优先原则。科学健身指导的目的是促进大众的身心健康，因此，体系的构建应始终把促进大众的身心健康放在首位。将促进健康的理念融入科学健身指导体系运行的全过程，如科学健身政策的制定、体育社会指导人员的培训、科学健身指导平台建设以及人工智能、信息化新技术在科学健身指导中的应用等都要贯彻始终，使构建的体系有利于大众形成健康的生活方式，以能达到促进身心健康的目的。

（二）坚持科学指导原则

《规划纲要》中明确提出了科学发展原则，因此，全民健身活动指导体系的构建必须以科学指导为原则。特别是大众健身方法的研究与推广作为科学健身指导体系的一部分，在实施过程中，要把握健康领域发展规律，注重健身方法的安全性，推广过程中要遵纪守法等。这样构建的全民健身活动指导体系，就能够保证科学健身指导从规模扩张的粗放型发展转变到质量效益提升的绿色集约式发展，达到提升科学健身指导的服务水平。

（三）坚持协同发展原则

全民健身活动指导体系由人力资源、行政资源、健身方法的研究与推广等几部分组成，并且"互联网+"也是体系不可或缺的重要组成部分。因此，要坚持政府主导，发挥市场机制作用，全民推进，各部分只有相互配合、协同发展，"冲破思想观念束缚，破除利益固化藩篱，清除体制机制障碍"，全民健身活动指导体系的运行才能取得良好的效果，发挥其应有的作用。

四、构建的基本框架

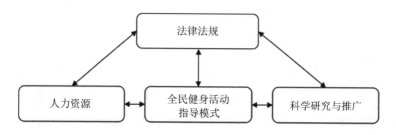

图 4-1　全民健身活动指导基本框架

第二节　全民健身法律法规指导体系

全民健身法律法规是国家在全民健身活动中，为保障公民权利，维护秩序，由一定的国家机关依照程序制定发布的，调整社会关系的规范性文件的总称。全民健身法律法规来源于全民健身理论与实践，并反过来指导全民健身理论与实践。全民健身法律法规具有规范性、权威性和稳定性，有利于规范各方面的行为，以保障广大人民群众科学健身活动的正当权利和权益，推动全民健身活动发展，最终实现全民健康的根本目的。

我国全民健身活动法律法规具有如下特点：①政府主导，全民推进；②以规范性文件为主；③地区发展不平衡，执行效果欠佳；④全民健身活动的法制建设相对滞后；⑤全民健身活动的行政管理体制改革尚不到位。

自 1982 年《国家体育锻炼标准》颁布以来，国家和地方相继出台了一大批与全民健身相关的法律法规，其中与全民健身活动相关的全国性法律法规约 62 件（见表 4-1），其中法律 1 部，行政法规 5 部，部门规章 3 部，范性文件 44 件；政策法规 13 件。

表 4-1　与全民健身活动相关的全国性法律法规

颁布年份	政策法规
1982 年	《国家体育锻炼标准》
1990 年	《国家体育锻炼标准施行办法》
1993 年	《社会体育指导员技术等级制度》
1995 年	《中华人民共和国体育法》 《全民健身计划纲要》
1998 年	《举办体育活动年前保卫工作规定》
1999 年	《关于加快体育俱乐部发展和加强体育俱乐部管理的意见》 《关于加强老年人体育工作的通知》 《群众性文化体育活动治安管理办法》
2000 年	《关于加强各类武术学校及习武场所管理的通知》
2001 年	《国民体质监测工作规定》 《社会体育指导员职业标准》
2002 年	《农村体育工作暂行规定》
2003 年	《国民体质测定标准施行办法》
2005 年	《关于进一步加强社会体育指导员工作的意见》
2006 年	《体育事业"十一五"规划》
2007 年	《国家学生体质健康标准》
2009 年	《全民健身条例》 《关于组织奥运冠军世界冠军开展志愿活动的意见》 《关于广泛开展全民健身志愿服务活动的通知》 《关于加强青少年体育 增强青少年体质的实施意见》
2010 年	《建立全民健身志愿服务长效化机制工作方案》 《进一步加强职工体育工作的意见》 《发挥乡镇综合文化站的功能 进一步加强农村体育工作的意见》
2011 年	《社会体育指导员管理办法》 《全民健身计划（2011—2015 年）》 《体育事业发展"十二五"规划》
2012 年	《优秀运动员全民健身志愿服务实施办法（试行）》
2013 年	《国家体育锻炼标准施行办法》 《关于加强全国青少年校园足球工作的意见》

颁布年份	政策法规
2014 年	《大型体育场馆免费低收费开放补助资金管理办法》 《关于加快发展体育产业 促进体育消费的若干意见》 《国家体育总局关于加强和改进群众体育工作的意见》
2015 年	《关于进一步加强新形势下老年人体育工作的意见》 《关于引导广场舞活动健康开展的通知》
2016 年	《中国足球中长期发展规划》 《体育发展"十三五"规划》 《全民健身计划（2016—2020）》 《"健康中国 2030"规划纲要》 《关于加快发展健身休闲产业的指导意见》 《冰雪运动发展规划（2016—2025 年）》 《群众冬季运动推广普及计划（2016—2020）》 《全国冰雪场地设施建设规划（2016—2022 年）》 《关于进一步扩大旅游文化体育健康养老教育培训等领域消费的意见》 《水上运动产业发展规划》 《航空运动产业发展规划》 《山地户外运动产业发展规划》 《关于大力发展体育旅游的指导意见》 《县级全民健身中心项目实施办法》
2017 年	《室外健身器材配建管理办法》 《关于加快推进全民健身进家庭的指导意见》 《关于进一步加强农民体育工作的指导意见》 《青少年体育活动促进计划》 《关于进一步加强少数民族传统体育工作的指导意见》
2018 年	《全国少数民族传统体育运动会组织管理办法》
2019 年	《体育强国建设纲要》 《关于促进全民健身和体育消费推动体育产业高质量发展的意见》 《关于广泛推广普及广播体操的通知》 《关于广泛开展国家体育锻炼标准达标测验活动的通知》 《关于进一步加强残疾人康复健身体育工作的指导意见》
2020 年	《体育赛事活动管理办法》 《关于促进和规范社会体育俱乐部发展的意见》

这些法律法规从内容和形式上来看分多个层次。不同层次的法规对全民健身具有不同层次的规范和要求，上位法规对下位法规具有规定和指导作用，下位法规具有一定指向性，随着下位法律法规的层次下移，法规的指向

性和针对性就越强，对全民健身活动的实践具有明确的指导性和规定性。目前，我国的全民健身政策法规指导体系大致分五个层次（图4-2）：

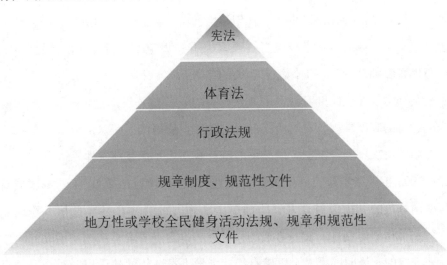

图4-2　我国全民健身活动法律法规指导体系金字塔示意图

第一层次：《中华人民共和国宪法》中关于全民健身活动的指导性内容。

1982年《宪法》第二十一条第二款规定：国家发展体育事业，开展群众性的体育活动，增强人民体质。大力发展体育事业，将体育普及全民，同时也为我国选拔更多优秀运动员打下良好基础。1949年到1994年期间，我国基本依靠《宪法》解决体育活动中的各种纠纷。从最高法律的角度来激励和引导广大人民群众进行科学健身活动，其主要目的在于增强人民体质。

第二层次：《中华人民共和国体育法》（以下简称《体育法》和《中华人民共和国教育法》（以下简称《教育法》）。

1995年，我国正式颁布了《中华人民共和国体育法》，这是我国第一部专门为体育制定的法律，国家从法律层次为体育事业进行了规范和保障。《体育法》将体育分为社会体育、学校体育和竞技体育。其中社会体育一章即是对群众健身活动的说明与规定，国家提倡公民参加社会体育活动，增进身心健康。《教育法》第四十四条规定：教育、体育、卫生行政部门和学校及其他教育机构应当完善体育、卫生保健设施，保护学生的身心健康。第四十五条规定：国家机关、军队、企业事业组织、社会团体及其他社会组织和个人，应当依法为儿童、少年、青年学生的身心健康成长创造良好的社会环境。第二十一条规定：学校应当按照国家有关规定，配备合格的体育教师，保障体育教师享受与其工作特点有关的待遇。《体育法》和《教育法》提到了社会和学校在全民健身活动中应该履行的职责和义务，充分体现了国家对全民健身的高度重视，也对全民健身的健康发展提出了明确指导。

第三层次：国务院制定的全民健身行政法规及规范性文件。

1995 年颁布实施的《全民健身计划纲要》，计划在 2010 年基本建成具有中国特色的全民健身体系，明确提出实施《社会体育指导员技术等级制度》和体质测定制度、健身方法的科学化，这两点要求是从健身活动的科学性来规定的，说明国家对全民健身活动指导人员队伍的建设以及对全民健身活动科学性的重视。2009 年国务院颁布的《全民健身条例》，是国家首次对全民健身工作进行的专门规范，反映了国家对发展全民健身事业和增进人民体质健康的高度关注和关怀，表现出国家以推进全民健身为代表的公共体育服务所进行的制度安排和法律保障。[①] 2011 年国务院印发的《全民健身计划（2011—2015）》，是国家以宏观的角度从健身效果、设施、内容、组织网络和志愿者队伍等方面设计了我国全民健身 2011—2015 年的发展目标。2014 年国务院印发的《关于加快发展体育产业 促进体育消费的若干意见》，首次将全民健身上升为国家战略，把增强人民体质、提高健康水平作为根本目标，充分体现了国家对全民健身的高度重视。2016 年国务院下发的《全民健身计划（2016—2020）》，提出全民健康是国家综合实力的重要体现，全民健身是实现全民健康的重要途径和手段，是全体人民增强体魄、幸福生活的基础保障，实施全民健身计划是国家的重要发展战略。2016 年国务院印发

---

① 于善旭：《论〈全民健身条例〉对公共体育服务的制度推进》，《天津体育学院学报》2010年第 4 期。

的《"健康中国 2030"规划纲要》，指出到 2030 年经常参加体育锻炼的人数达到 5.3 亿人，确保学生校内每天体育活动时间不少于 1 小时，实现每千人拥有社会体育指导员 2.3 名。

第四层次：国务院各部委颁布的全民健身规章制度及规范性文件。

2001 年劳动和社会保障部颁发的《社会体育指导员职业标准》，进一步明确了社会体育指导员的定义和职业等级，从职业概况、基本要求、工作要点和比重表四个部分规范了社会体育指导员的职业标准。2003 年国家体育总局联合 10 部委发布的《国民体质测定标准施行办法》，确定了我国国民体质的测量、评定等方面的标准和实施办法。2009 年国家体育总局颁布的《全民健身条例》和 2011 年发布的《社会体育指导员管理办法》，提出了"国家加强社会体育指导人员队伍建设，对全民健身活动进行科学指导"，并对 2 类社会体育指导员队伍建设管理做出了明确的规定，社会体育指导员工作受到了空前的重视，《管理办法》的颁布为不以收取报酬为目的从事全民健身志愿服务的社会体育指导员提供了政策保障。2011 年国家体育总局出台的《体育事业发展"十二五"规划》，从全民健身组织网络、社会体育指导员队伍建设、群众体育健身活动与竞赛、青少年体育活动促进计划、老年人残疾人等群体体育活动开展的组织与领导以及全民健身调查监测和科技服务等多个方面，详细阐述了群众体育活动的发展目标与重点。2016 年国家体育总局发布了《体育发展"十三五"规划》，明确指出我国的体育发展正处于严峻的改革攻坚期。在群众体育方面提出了不断完善基本公共体育服务、广泛开展丰富多样的全民健身活动、基本建成覆盖全社会的全民健身组织网络、加大科学健身指导和宣传力度、加快青少年体育发展、保障特殊群体基本体育权利等，明确了全民健身的发展重点和方向。

第五层次：地方有关全民健身法规、规章及政策性文件。

自 1995 年《体育法》颁布至今，有近一半的省（自治区、直辖市）以《体育法》为依据，先后颁布了地方性的全民健身法规，除河北省以外，其他各省（自治区、直辖市）全民健身地方性法规均以条例的形式颁布。各地的全民健身条例均由地方人大常委会制定和颁布，是地方最高形式的法律条文。在颁布实施的区域内，其法律地位仅次于全国人大常委会及国务院颁布的法律法规。[①]

为了完善我国全民健身政策法规指导体系，需要加强全民健身法制宣传和执法监督检查工作；加强与法律法规相配套的全民健身机制的建设；推进全民健身活动科学、健康、有序地向前发展；保障科学健身的合法权益；进一步明确各级地方政府发展全民健身事业的责任。

第三节　科学健身指导的人力资源体系

目前，我国科学健身指导的人力资源主要由社会体育指导员和体育志愿者组成。他们涉及各行各业，主要有教师、科研人员、工会的工作人员、社团组织人员、从事全民健身企业人员以及离退休人员等，构成了全民健身活动指导体系的主要部分。下面主要对我国社会体育指导员和体育志愿者的指导体系进行分析。

一、以技术指导为主的社会体育指导员体系

我国社会体育指导员在全民健身活动系统中的作用为：通过健身活动的指导，使人们掌握体育锻炼的方法，提高锻炼的效果；提高运动技术水平的专项技术指导；负责健身保健指导，医学监督；负责制定科学健身锻炼计划；负责健康和体质测定评价；进行群众体育研究；组织、宣传、发动群众积极参加健身活动；商业体育设施的指导以及健康和安全管理；引导群众进行合理的体育消费和体育投资。

---

① 黄文浪、褚文亚：《地方性全民健身法规分析》，《体育文化导刊》2011 年第 9 期。

（一）我国社会体育指导员制度

目前，我国的社会体育指导员制度基本确立，表现在以下两个方面。

1. 公益型和职业型社会体育指导员制度并轨实施

目前，我国实施的社会体育指导员制度是 2011 年 10 月国家体育总局颁布的《社会体育指导员管理办法》（以下简称《管理办法》）和 2020 年 3 月人力资源社会保障部、国家体育总局颁布的《社会体育指导员国家职业技能标准》（以下简称《标准》）。根据这两项制度，我国的社会体育指导员在性质上可以分为公益型和职业型两大类。

《管理办法》和《标准》各有其自身的作用和价值，两者间既有联系又有其自身的发展目的和方向。两者的并轨实施为我国社会体育指导员体系的发展奠定了良好的基础。加快了地方社会体育指导员协会的建立，初级社会体育指导员协会已较《管理办法》实施前有了较大幅度的增加。社会体育指导员工作促进了全民健身组织的建设与发展。社会体育指导员培训工作从数量和质量上均得到加强。社会体育指导员工作的社会宣传和信息管理服务进一步提升。社会体育指导员工作的相关保障逐步落实，如为一线社会体育指导员配发服装和办理保险等。社会体育指导员工作规范化程度逐步得到提高。[①]

表 4-2　社会体育指导员相关法规

颁布时间	名称	发布部门	备注
1993 年	社会体育指导员技术等级制度	国家体育运动委员会	废除
2001 年	社会体育指导员国家职业标准	劳动与社会保障部	废除
2011 年	社会体育指导员管理办法	国家体育总局	施行
2020 年	社会体育指导员国家职业技能标准	人力资源社会保障部 国家体育总局	施行

---

① 于善旭：《我国社会体育指导员制度建立 20 年发展述略》，《天津体育学院学报》2013 年第 5 期。

2. 我国社会体育指导员培训与考核制度基本完善

我国公益型社会体育指导员分为国家级、一级、二级和三级四个级别。在培训方式上，国家级和一级社会体育指导员由国家体育总局和各省（自治区、直辖市）体育局委托体育院校主办培训班，采取集中的方式培训。一般培训时间为 5 天，前 2 天为理论学习，后 3 天为实践教学。培训结束时进行理论和专业考试，培训合格者由国家体育总局和各省（自治区、直辖市）统一颁发社会体育指导员合格证书、资格证书以及徽章等。不合格者可在下一年继续参加培训，直至取得合格证书。二级和三级则采用自学与自学考试相结合的方式培训。

社会体育指导员国家职业标准等级分为社会体育指导师、高级社会体育指导员、中级社会体育指导员、初级社会体育指导员四个级别。在培训内容上，是以《标准》为依据，横向设置了培养职业特定能力的专项课程、培养行业通用能力的公共课程以及着重培养核心能力的实践课程；纵向是按照《标准》对不同级别社会体育指导员的工作要求和能力来设置课程。这种划分方式是为了建立一个可以操作的课程体系，没有绝对的界限，尤其是核心能力的培养，是贯穿于职业特定能力培养和行业通用能力培养的始终，它们是相辅相成、互相促进的关系。

考核方式是根据《标准》以及《社会体育指导员职业培训教材》的规定，技能考核分为专项技术考试和专项指导能力考试，均采用百分制，最终按照相应的比例计算专项技能考核总成绩。《标准》规定社会体育指导员职业技能鉴定内容分为理论知识考试与技能操作考核两部分，其中理论知识考试采用闭卷笔试，时间为 90 分钟；技能操作考核内容为讲解、示范、组织，时间为 45 分钟。理论知识考试与技能操作考核均采用百分制，两项考核皆达到 60 分以上者为合格。

目前，我国的社会体育指导员考核方式有一套完善的职业技能鉴定的组织系统，该系统由社会体育指导员职业技能鉴定指导中心和社会体育指导员职业技能鉴定所（站）组成。职业技能鉴定指导中心是由政府授权、在行政部门指导下，具体组织、管理和实施鉴定的工作机构。职业技能鉴定所（站）是具体实施鉴定的工作场所，是鉴定工作体系中的基层执行机构。社会体育指导员职业技能鉴定流程见图4-3。

图4-3 社会体育指导员职业技能鉴定流程

目前，随着互联网的普及和社会组织的发展，培训途径和形式也是多种多样。据本书的调查显示，有互联网、体育社团、政府相关机构以及有相关专业的高等学校等（见表4-3）。特别是互联网和社会组织这两种方式均超过了50%。

表4-3 参加社会体育指导员培训途径

	N	百分比（%）
互联网	665	55.7
体育协会、俱乐部等体育社团	602	50.4
政府相关机构	500	41.9
有相关专业的高等学校	443	37.1
其他	33	2.8

目前，我国的社会体育指导员还存在以下的问题：①社会体育指导员管理社会化程度低，指导员自我服务、自我管理的模式还没有建立；②政府职能与相关单位的责任分工不清、协调不顺畅；③社会体育指导员制度尚未完善；④社会体育指导员的服务保障措施不到位等。

（二）我国社会体育指导员指导模式的构建

1. 线性社会体育指导员组织管理体系的确立

按照国家体育总局的规定，社会体育指导员的发展规划、监督管理、资格审批等由省（自治区、直辖市）体育局群体处及省社会体育管理中心总体监督和规划。社会体育指导员的业务管理监督考核一般由市体育行政部门及社会体育指导中心进行。社会体育指导员日常工作流程管理和合法权益维护等由社会体育指导中心委托给各社会体育指导站完成。管理呈现一种体育行政部门为管理主体的体育行政部门群体科、社会体育指导站、社会体育指导员三个层级的线形管理结构（图4-4）。

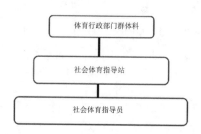

图4-4 社会体育指导员组织管理体系

目前，国家体育总局社会体育指导中心是社会体育指导员的最高管理机构。中国社会体育指导员协会是由国家民政部正式批复、国家体育总局批准成立的社会体育指导员自律性组织，其任务包括积极宣传和推动我国全民健身运动，发展全民健身事业，落实《全民健身条例》和《全民健身计划纲要》以及《社会体育指导员国家职业技能标准》，积极落实我国公共体育服务各项任务，对我国社会体育指导员工作进行日常管理和业务指导，开展社会体育指导员等级评定和国家级社会体育指导员评审，研究我国社会体育指导员工作方针、政策，团结和凝聚各级社会体育指导员，对社会体育指导员开展业务和健身技能培训，组织和辅导群众科学健身；编辑、出版、发行社会体育指导员教材、书刊；开展国内和国际间社会体育指导员业务交流。

2. 构建社会体育指导员的指导模式

（1）以社会化为主的社会体育指导员指导形式

社会体育指导员参与健身指导的方式大致分为四种：社区组织、协会组织、单位组织以及个人组织。根据相关资料显示，指导员参加指导的组织形式多为老年体协、工会、晨晚练活动站组织，专业协会组织次之。根据本书的调查结果显示（表4-4），大众在参加体育锻炼时，认为健身时组织指导重要的占95.5%，这一数据说明有组织的科学健身指导是大众的普遍需求。但是，基层的社会体育指导员普遍存在一种现象，就是社会体育指导员一般是通过各级体育行政部门的信息来获得提供指导的机会，较依赖相关组织及协会对他们进行统一分配指导，由于体育行政部门不一定完全掌握市场的健身需求信息，因此，这种单纯依赖体育行政部门的情况又难以有效地对社会体育指导员资源进行配置，更是难以充分地带动广大人民群众科学健身的积极性。

表4-4　健身时组织指导重要程度

	N	个案百分比（%）
比较重要	2285	48.9
一般	1092	23.4
非常重要	1083	23.2
不太重要	167	3.6
非常不重要	45	0.9

根据相关资料显示，在广州、南京、济南等省会城市，社会体育指导员指导的形式主要还是以个人组织在开展，参与健身指导的以离退休和以体育为职业的退休人员为主，因为他们健身意识较强，具有一定的体育技能和知识，并且能够带领和指导有需求的人员进行体育锻炼，指导的效率较高。根据本书的调查结果（表4-5），社会体育指导员的服务方式，自愿服务的占

主要部分，有偿服务的只是一小部分，这说明社会体育指导员在各种群体组织的活动中进行指导时，主要还是以公益性为主。因此，以社会化为主对广大人民群众服务是社会体育指导员进行科学健身指导的主要形式。

表4-5　社会体育指导员的服务方式

	N	个案百分比（%）
有偿服务	96	7.7
自愿服务	1011	81.3
其他	133	10.7

（2）逐步拓展社会体育指导员的指导途径

根据目前我国社会体育指导工作的发展现状以及教授指导的分类原则，我国社会体育指导员的指导途径一般可以分为两大类。一类是现场指导，如讲座，辅导站点、俱乐部等的指导。其优点是直观、生动、细致、全面，有较好的指导效果；不知足之处在于传播范围小，影响力有限。另一类是通过媒介信息进行指导。其优点是受众面积大、传播范围广；不足之处主要是间接指导，对于具有一定难度的锻炼方法无法直接交流，也无法对自己的健身方法进行评估。对于社会体育指导员来讲，第一类的效果要好于第二类，并且第一类也可以通过第二类进行传播。目前，两种途径交叉混合、相互结合进行指导的形式占有相当一部分比例。特别是第二类，传统的媒介信息通常是电视、光盘、图书、报纸等占主要地位，随着移动互联网的普及和人工智能新技术的突破，拓展社会体育指导员的指导途径不仅具备了客观环境条件，而且也是全民健身发展的趋势。"互联网+"全民健身的形式在体育领域正在广泛应用，社会体育指导员可以通过视频连线进行网上指导，与此同时，随着App、穿戴设备等的普及，大众不仅可以接受社会体育指导员的指导，而且也可以实时把控自身的健身状况。因此，信息化和人工智能新技术的发展不仅为社会体育指导员科学化指导提供客观条件，也逐步拓展了社会体育指导员的指导途径。

二、以提供服务为主的体育志愿者指导体系

我国作为一个发展中国家，对体育志愿者的重视程度相对于发达国家尚有一定差距。但是，随着我国全民健身活动的蓬勃发展，体育志愿者在全民健身活动中所起的作用越来越重要。体育志愿者在全民健身活动中的作用主要有：为全民健身的发展提供重要的人力资源；为社区居民提供均等的健身机会；弥补我国基层社区体育公共服务供给的不足；弘扬社会正能量，传播体育志愿文化和精神；为大型体育赛事和大众体育活动的开展开源节流等。

（一）我国体育志愿者的管理制度和体系

1. 体育志愿者规范性服务制度和体系

我国最早制定的志愿者服务条例是广东省于 1999 年通过的《广东省青年志愿服务条例》，到了 2005 年，成都市正式实施了《成都市志愿服务条例》，以后山东等地也相继制定了本地青年志愿服务规定，这说明志愿者服务在东部和西部乃至全国逐步得到了发展和重视。2010 年底，国家体育总局印发的《建立全民健身志愿服务长效机制工作方案》，开始在全国普及全民健身志愿服务活动，并在同年加入了全国志愿服务活动协调小组。2012 年，国家体育总局成立了优秀运动员全民健身志愿服务协调小组，并印发了《优秀运动员全民健身志愿服务实施办法（试行）》，至此，在政策制度上为我国体育志愿者的发展提供了基本支持。但是，在我国志愿服务发展的大环境下，体育志愿者还面临着法律制度滞后、管理体系不健全等困境。虽然在大型体育赛事活动以及全民健身活动中都活跃着大量志愿者，但是对于有关体育志愿者的规范性制度和体系的建设还有待进一步加强和完善。

2. 体育志愿者人才的培养和培训体系基本确立

志愿者本身是一种自觉、自愿的行为，体育志愿者就是为体育事业服务

的义务工作者。目前，我国体育志愿者人才的培养和培训主要以大型体育赛事的赛会志愿者为主（表4-6）。

表4-6 体育志愿者的培训模式

类别	分类	内容
培训阶段	通用培训	通用培训阶段又叫上岗引导或定位培训阶段，就是使志愿者了解志愿者工作的目标、其志愿工作是如何为赛事做出贡献的、同时也将志愿者之间相互介绍并熟悉
	专业阶段培训	专业培训阶段的主要内容是根据服务领域的具体要求，培训志愿者相关专业知识和技能。专业培训将以面授为主，主要由赛事组委会以及指定的培训机构来组织实施。
	岗位培训	岗位培训阶段的主要内容是介绍岗位的基本情况，工作人物、业务流程和工作场地的相关情况，紧急情况的处理措施和志愿者团队管理等方面的内容，志愿者在统一安排下熟悉岗位职责和服务区域。岗位培训将以面授为主，主要在各个服务场所，由各个场所的主管负责人员来组织实施
培训内容	操作层面	操作层面的培训内容可分为三个部分：基础知识、专业知识、岗位知识，主要包括语言、文化和体育赛事有关的各种知识
	精神层面	精神层面的培训内容主要包括志愿者的使命意识、奉献意识、协作意识、服务意识
培训形式	大型体育赛事志愿者的培训灵活多变，采用多种培训方式	对于普通基本知识，可以让志愿者自学，然后再集中培训。对于专业性强的志愿者，可以按照其专业不同，集中进行培训，而培训进入一定阶段，就需要在具体岗位上进行实践培训了。集中课堂授课、自学、讨论等我们日常所用的培训方法都可以用在志愿者的培训过程中

（二）我国体育志愿者的组织管理服务体系

1. 体育志愿者的分类

根据日本对体育志愿者的界定，体育志愿者一般是指为推进社会、社区、个人及团体体育的发展，以不换取报酬为目的而提供自己的劳动、技术和时间的人，其分类见表4-7。

表 4-7 体育志愿者分类

大类	小类	内容
社区体育志愿者	支援性（公益性）职业性	又称为社会体育指导员，社会体育指导员是我国《体育法》规定的社会体育工作人员，其资格得到国家认可，具有一定的法律地位。
运动会体育志愿者	专业志愿者（岗前培训即可）非专业志愿者（具有专业能力和资格者）	主要从事裁判员、翻译、医疗救护及数据处理等工作。主要从事给大会供水、供食品、做向导、接待、登记、发通知、安排交通、运输及邮件等工作。

2. 以赛事为主的体育志愿者服务体系

我国志愿服务事业一直按照"党政支持、共青团承办、社会化运作"的思路开展，在组织管理上，志愿者组织挂靠于各级团组织，由团组织直接领导，在很多地方，团干部就是志愿者组织的领导者。在活动运作上，多是由党团组织自上而下发起的。

在我国，几乎所有大型赛事在内的志愿活动组织管理的主体都是政府。这种组织管理主体并不是完全独立于政府和企业的"第三部门"，而是党团组织、各级政府、企事业单位、社会大众共同参与，以"党团主导，专门机构发动，单位协作，大众支持"的组织模式。我国大型体育赛事志愿者管理制度和运作机制如图 4-5 和表 4-8。

表 4-8 体育志愿者管理运作机制与特点

管理运作机制	特点
启动和组织机制	共青团自上而下启动。指导性、组织性强
规划机制	理想和临时的规划
宣传招募机制	主动宣传不足、组织招募为主
培训教育机制	只是针对志愿者从事的工作，着重于技能技术的培训
使用机制	使用的时候协调管理差
效绩评估机制	缺乏专门志愿者评定机制
激励机制	体系不完善
解聘与遣返机制	很少考虑志愿者的未来
风险控制与保障机制	人身风险、意外伤害受到重视，对保障没有统一规定

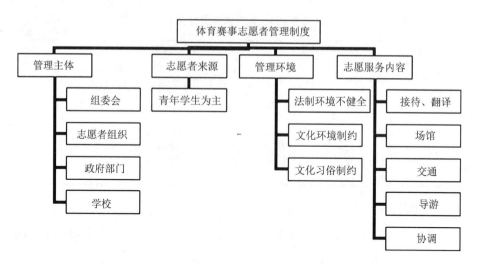

图 4-5　体育赛事志愿者管理制度

3. 以政府主导为主的社区体育志愿者服务体系

社区体育志愿者从属于中国共产主义青年团中央委员会下属的中国青年志愿者协会。共青团中央专门设立了青年志愿者工作指导委员会。志愿服务工作组织主要分为志愿服务工作委员会、志愿者工作指导中心、市志愿者协会、志愿者服务总队、各志愿者服务队等几个层次（图 4-6）。这种金字塔型的层级制有利于最高层级在需要的情况下调动下级的人力资源，统一调度和协调安排的空间和余地都较大。在短时间内招募大量志愿者时，这种层级制能发挥其应有的作用。

当前中国志愿者活动的运行机制是"党政支持、民政部与共青团承办、社会化运作"。许多志愿者都是通过民政部或共青团系统的组织这一途径来提供服务的。这种状况说明中国志愿者活动的开展及其管理，政府部门起了主导作用。严格意义上来讲，我国目前还没有一个专门为社区体育而开展的志愿服务组织或团体①，但社区体育志愿者却已经活跃在社区体育服务的方方面面了。尽管他们中的很多人并不知道社区体育志愿者这个称呼，但他们

---

① 闫静：《城市社区体育志愿者发展的理论思考与实证分析》，硕士学位论文，北京体育大学，2006 年，第 30 页。

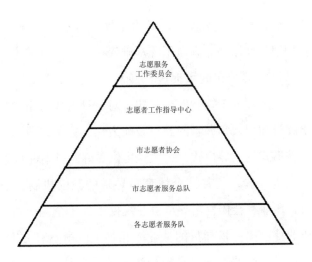

图 4-6　社区体育志愿者组织结构图

的行为已经证明他们无愧于这个称呼。

三、完善科学健身指导的人力资源体系建设

（一）社会体育指导员体系建设

法约尔管理理论把人员管理看作是管理的核心，是最重要的因素。目前，我国的社会体育指导员人才培养正在走创新发展的道路，如运动处方师的培训等。这是为了适应新时代环境的条件下多种形式培养社会体育指导员人才的重要举措。为加快社会体育指导员体系的改革，建议采取以下改革措施：

走社会化道路，改进社会体育指导员管理模式。一是梳顺政府的职能关系，与全民健身志愿服务紧密结合，形成政府、社会监管合力，走社会化道路，吸引更多的社会力量参与进来，助推社会体育指导员队伍发展。二是指导员逐步建立自我服务，自我管理的模式。三是制定社会体育指导员的相关评价标准，规范社会体育指导员的管理模式。

完善自我，丰富社会体育指导员的内涵。《"健康中国 2030"规划纲要》

明确提出了"社会体育指导员要广泛开展全民健身指导服务"的更高要求。一是我国慢病特别是糖尿病、高血压等基础疾病的发病率较高，社会体育指导员要发挥全民科学健身在健康促进、慢性病预防和康复等方面的积极作用。二是移动互联网、人工智能发展较快，对于社会体育指导员来说，需要不断丰富科学健身知识，掌握新的健身技能方法，完善自我，适应时代发展需要，探索多种形式的指导模式，为大众提供更好的科学健身服务。

借鉴国外先进经验，完善社会体育指导员的激励机制。据相关调查显示，在广东省，职业社会体育指导员虽在规模上处于全国前列，但工作状况并不乐观，职业社会体育指导员的从业率相当低。虽然有方方面面的原因，但职业社会体育指导员的工作没有得到社会的认可是主要原因之一。因此，在肯定社会体育指导员在科学健身指导中做出贡献的同时，也应该完善社会体育指导员的激励机制。借鉴国外先进经验，完善社会体育指导员的激励机制是促进社会体育指导工作健康发展的有效措施。

（二）社会体育志愿者体系建设

社会体育志愿者存在的主要问题是：①社会体育志愿者的价值没有完全得到社会的认同；②政府行政力量过渡干涉；③志愿者自身观念落后、专业性差、数量少、力量薄；④城镇全民健身志愿服务不均衡，以及基层组织全民健身志愿服务的积极性不高等，都是影响我国全民健身志愿者发展的不利因素。

为此，我国有些学者提出了许多很好的建议：①体育行政主管部门应扶持体育志愿者组织的发育成长，面向社会各种志愿者组织，吸收人才和经验，组建专业化体育志愿者队伍；②创造适合体育志愿组织生存发展的法律环境，建立和完善法律法规，加快志愿服务立法进度；③建立符合中国国情的体育志愿者组织的多元化机制，如募捐机制、激励制度、协调机制和监督机制等。

第四节　全民健身科学研究和推广

一、全民健身科学研究

国务院颁布的《全民健身计划（2016—2020）》明确指出：强化全民健身科技创新，提高全民健身方法和手段的科技含量，加强全民健身科学研究和科学健身指导。目前，我国的科研机构、大专院校、学术团体以及实验室等作为我国体育科研的主力军，在大众健身理论与方法的研制方面，源源不断地提供新的科学知识和健身方法。随着全民健身类科研文章的不断发表，相关课题立项的不断增多，以及企业和社会组织的研发，国外的一些研究成果也不断地被我们吸收和运用，不仅强化了我国全民健身科技的创新，提高了全民健身方法和手段的科技含量，也加强了全民健身科学研究和科学健身指导，为全民科学健身指导活动提供了丰富的支撑。

（一）研究机构

1. 体育科学研究院所

体育科学研究所一般是下属于体育局的事业单位。目前，国家体育总局及全国30多个省（自治区、直辖市）的体育局均设有体育科学研究所。这些科研机构通常下设研究中心，如国家体育总局体育科学研究所下设6个研究中心，1个测试与实验中心。其中群众体育科学研究中心的研究领域以群众体育研究为基础，以体质研究、国民体质监测和大众健身理论与方法为核心，开展健康促进相关的综合性研究工作。在宏观理论与战略规划、制度完善与实际操作、与体医融合相关的应用基础研究等方面，为全民健身和大众健康提供核心关键技术支撑与系统解决方案。目前该中心是国家国民体质监测中心办公室、中国体育科学学会体质研究分会秘书处的常设机构。中心协助政府职能部门完成了 2000 年、2005 年、2010 年、2014 年 4 次全国国民体质监测，2007 年、2015 年全国全民健身活动状况调查，2013 年、2014 年、2015 年 3 次 20—69 岁人群体育健身活动和体质状况抽测，2014 年、2016 年 2 次儿童青少年体育健身活动状况抽测，2017 年全国儿童青少年体育健身活动状况调查等。同时，积极开展国际合作研究，协助澳门政府开展市民体质监测，并与日本保持体质合作研究。在科学健身宣传普及方面，做好全国运动健身科学指导系列活动的同时，创建了"科学健身中国行"品牌。中心还建立了身体形态测量、身体机能诊断和以能量代谢为主体的"国家国民体质监测中心实验室"。

另外，部分地市也设置了体育科学研究所，如北京市朝阳区体科所、景德镇市体科所、广州市体科所等。这些科研单位在国民体质监测和检测、群众体育活动调查、大众健身方法的研制、大众科学健身指导以及运动损伤的预防等方面开展了大量的工作。

除体育系统外，医疗卫生系统也在开展大众健身理论与方法的研究，如中国医学科学院开展的健身养生方法研究，北京市妇幼保健院开展的幼儿体操方面的研究等。

2. 体育学术团体、体育行业协会

体育学术团体和体育行业协会是在民政局登记的非营利性的学术性群众团体。这些学术团体一般挂靠在官方机构名下。一是国家级体育科学学会及下属的分会。如中国体育科学学会，下属体质研究分会、运动生物力学分会等 18 个分会以及《体育科学》编委会。全国大部分的省市和计划单列市也都建立了地方体育科学学会。二是一些一级学会下的体育分会。如中国民族学会下属体育专业委员会等。三是全国的单项运动协会、行业体育协会以及人群体育协会及下属地方协会等。如中国篮球协会及下属北京市篮球协会，中国前卫体育协会，中国老年人体育协会等。四是定期举行的有关体育发展战略等相关问题的论坛组织。如中国体育发展战略研究会等。

另外，一些学术团体不仅注重基础研究、学理创新，同时还开展各种形式的学术交流、培训以及全民健身指导活动。如中国体育科学学会主持的运动处方库的建设，依托地方学会在全国各地开展"全民健身科技志愿服务神州行"活动，以及体质研究分会在全国开展"科学健身中国行"活动等，为广大群众提供体质检测、科学健身指导等服务。

3. 体育高等院校及其内部设立的研究中心

高等院校本身承载着教书育人、科学研究、社会服务三大功能，因此，高等院校也具有科学健身理论与方法的研究条件。[①] 凡是具有体育硕士以上研究生招生资格的专业体育院校以及长期持续培养体育学（运动训练学和人体科学）方向博士研究生的综合性非体育院校都是科学健身理论与方法研究的宝贵资源。目前，我国具有体育学硕士以上研究生招生资格的普通高等院校 120 多所。另外，还有一些高等院校内部设立的研究基地、研究中心或研究所，这些研究基地一般都获得国家体育总局、教育部、各地市体育局等单位的认证，承接来自体育行政部门的调研、咨询等任务，为科学健身理论、方法的研究与实践提供有力支撑。

4. 体育科学学科研究平台

在体育科技创新体系建设方面，以运动机能评定等 40 个国家体育总局重点实验室为科技创新基地，为学科平台的发展提供提升的机会，形成了比较完整的体育学科群，极大地促进体育学科的协同创新与发展。同时，以全国体育相关的科研院所和高等院校为研究基地，也是集聚和培养高层次体育科技人才和促进国际交流与合作的重要平台。

通过国家科技支撑计划、国家自然科学基金、科技基础条件平台建设和政策引导类科技计划及专项、国家体育总局公益性行业科研专项等体育学科的大力支持，凝聚和培养了一批优秀的体育科技人才，加速培育了体育学科领域近千名中青年学科带头人和科技骨干，特别是对体育科学研究团队与领军人物的培养发挥了更为重要的作用。

---

① 代方梅等：《体育智库的类型研究》，《湖北体育科技》2016 年第 2 期。

（二）研究成果

1. 体育类课题的立项情况

设立某一领域（全民健身）的研究课题，围绕某一领域（全民健身）工作中的难点问题、共性问题开展科学研究，是提升体育科技创新能力，充分发挥科技在群众体育事业发展中的先导和支撑作用，也说明国家和社会在这方面的重视程度。从 2012—2017 年国家自然科学基金各学部有关体育方面立项的课题项目数量来看，共计有 95 项，其中与健身方法相关的生命科学部和医学科学部立项的课题数有 57 项，说明我国对全民健身领域的研究已相当重视（表4-9）。

表4-9　2012—2017 年体育领域立项的国家自然科学基金项目数量

所属学部	2012 年	2013 年	2014 年	2015 年	2016 年	2017 年	合计
工程与材料科学部	3	2	5	4	5	1	20
管理科学部	2	1	0	0	0	0	3
生命科学部	6	1	9	6	0	15	37
数理科学部	3	0	0	1	3	3	10
医学科学部	2	2	5	6	0	5	20
信息科学部	0	0	0	1	2	1	4
地球科学部	0	0	0	0	1	0	1

另外，从国家体育总局科教司 2010—2017 年有关课题的立项数目来看，群众体育或科学健身方面的立项课题越来越多，说明我国的体育科学研究正逐渐从竞技体育扩大到群众体育，科学健身研究越来越得到重视（表4-10）。

表 4-10　2010—2017 年国家体育总局科教司课题立项数量

年份	科学健身指导研究数量	科学健身示范区建设研究数量	重点研究领域	
			竞技体育项目数量	群众体育项目数量
2010			26	21
2011			23	4
2012			45	39
2013			19	11
2014			47	59
2015	67	36		
2017	101			

2. 学术论文的发表情况

学术论文发表总数是衡量某一领域研究水平的一项重要指标，是构成某一领域学术影响力的基本条件之一，它能从量的角度客观地反映某一研究领域当前的总体科研水平和能力。以"全民健身"为主题词在知网上检索，近五年来发表的有关全民健身的文章数量稳步增长，我国全民健身类的研究成果不断涌现，为大众的科学健身指导提供了强有力的科技理论支撑（表4-11）。

表 4-11　知网收录 2015—2019 年主题词"全民健身"文章数量

年份	文章数量
2015	1985
2016	2129
2017	2328
2018	2432
2019	2437
合计	11311

　　博士学位是我国学位制度中最高级别的学位，博士学位论文在一定程度上反映了所研究领域的新思维、新方法及前沿性问题。博士学位论文是不同于期刊或书籍的一种高水平的研究资料，是反映某一研究成果的重要载体，对于研究和跟踪世界最新科学前沿具有不可替代的作用和价值。从改革开放后我国设立体育类博士点至2020年，我国已累计培养出2210名体育类博士，他们的学位论文课题的研究包含了大量与全民健身有关的内容（表4-12）。

表4-12　1989—2020年我国体育类博士学位论文数量

年份	论文数量（篇）	累计数量（篇）	年份	论文数量（篇）	累计数量（篇）
1989	1	1	2005	64	252
1990	0	1	2006	91	343
1991	2	3	2007	109	452
1992	0	3	2008	137	589
1993	2	5	2009	123	712
1994	2	7	2010	141	853
1995	1	8	2011	169	1022
1996	4	12	2012	165	1187
1997	8	20	2013	176	1363
1998	10	30	2014	118	1481
1999	15	45	2015	136	1617
2000	12	57	2016	142	1759
2001	24	81	2017	117	1876
2002	21	102	2018	136	2012
2003	29	131	2019	93	2105
2004	57	188	2020	105	2210

据表4-13，从2011—2015年国际高等体育院校发文总数来看，我国高等体育院校发文总数在国际上排在中等位置，取得了一定成就，尚有很大的进步空间。

表4-13　2011—2015年国际高等体育院校发文总数国家排名①

排序	国家	发文总数	院校数	院校类型
1	美国	5576	28	综合
2	加拿大	4948	16	综合
3	澳大利亚	3684	13	综合
4	英国	3471	15	综合
5	德国	1267	3	体育+综合
6	日本	983	4	体育+综合
7	挪威	630	1	体育
8	巴西	568	2	综合
9	中国	538	3	体育
10	波兰	449	2	体育
11	意大利	386	2	体育+综合
12	法国	368	3	综合
13	芬兰	283	1	综合
14	南非	255	1	综合
15	比利时	249	1	综合
16	丹麦	184	1	综合
17	瑞士	122	1	综合
18	新西兰	120	1	综合
19	奥地利	118	1	综合
20	爱尔兰	106	1	综合

① 邹文华等：《国际高等体育院校发文总数国家排名》，《上海体育学院学报》2017年第3期。

3. 图书出版情况

以全民健身相关的丛书出版为例。2001 年，北京体育大学出版社出版了《全民健身指导丛书》，这套丛书分理论篇和实践篇两部分，内容涉及全民健身宏观理论、国外大众体育发展状况、全民健身活动管理、全民健身科学基础、各种人群的健身理论与方法、体育健身投资等内容。

2010—2012 年，吉林出版集团有限责任公司出版了《全民健身项目指导用书》系列，分为球类运动、体操健身运动、传统武术、冰雪运动、水上运动、体育舞蹈、休闲运动、格斗运动、民间体育活动和极限运动等 10 大类项目，计 100 个分册，对全民健身活动进行技术上的直接指导。2019 年，吉林出版集团有限责任公司又出版了《全民健身计划系列丛书》，为之前丛书的延续和补充，共 40 册。

2013 年，由国家体育总局组织编写的《科学健身指导丛书》第一批九本由人民体育出版社出版发行，包括《运动健身指南》《"全民健身路径"锻炼指南》《高血压人群健身指南》《血脂异常人群健身指南》《公务员健身指南》《运动健身的能量消耗》《功能性健身方法——激活你的身体》《登山健身指南》《糖尿病人群健身指南》。这套丛书获得科技部颁发的"2013 年全国优秀科普作品奖"，具有权威性与导向性，能够系统、科学地为百姓健身提供指导帮助。

除以上丛书外，还有陕西科学技术出版社出版的《全民健身活动指导丛书》《全民健身知识系列丛书》，吉林文史出版社出版的《最受欢迎的全民健身项目指导用书》，天津人民美术出版社出版的《图说全民健身体育运动丛书》，人民体育出版社出版的《老年人科学健身指导丛书》，人民邮电出版社出版的《居家科学健身方法指导系列丛书》等。

4. 全民健身科学研究国内外研究比较

我国全民健身科学研究取得了较大的提升，但是与国外研究相比还存在较大的差异。主要表现在以下几个方面：

一是国内外体育科学研究角度和侧重点的差异。如在运动训练理论方面，国外主要集中于以生物学为基础，逐步深入器官生物学，甚至从分子生物学展开实证研究；国内主要从哲学和教育学等视角进行分类学研究和人文关怀研究，实证研究相对不足。

二是国内外研究方法与手段的差异。当前我国运动训练学研究方法也呈现出大数据和实验验证的特征，但与国外在研究方法的使用规范性上还有较大差距。

三是国内外器材设备和数据分析的差异。国内外在运动生物力学的主要测试设备和研究方法的使用上并无差距，但一些在国外研究中已经较多使用的新型设备和手段在国内研究中使用得还很少。在数据分析方面，国外计算机技战术研究已经进入大数据时代。国内对技战术数据发掘技术的研究主要集中在复杂度较低的隔网对抗项目上，而在热门的足球和篮球等项目上的研究较少且水平不高。

四是国内外居民体力活动研究和运动健身指南的差异。目前国外学者对体力活动与健康的关系研究已经相对成熟，在历次的美国运动医学会中对体力活动的推荐量也是以此为依据提出的。而我国目前在此方面的研究还较为薄弱，体力活动健康效益的进一步明确对于我国制定相应的体力活动指南具有重要意义。

五是国内外运动损伤防治的差异。尽管国内运动医学在近年来获得了很大的发展，和国际运动医学的差距不断缩小，在某些方面甚至已经走在国际运动医学领域的前列，但总体上仍有较大的差距。

二、全民健身科学推广

科学性是全民健身方法推广的核心，当前的全民健身是盲目从众、跟风健身，缺少定位。在全民健身活动中，技能培训、技术引导、体质监测、效果评估等环节至关重要，科学是健身的方法和手段，也是健身效果的技术支撑。① 目前，除大中城市全民健身具有一定的科学化、规范化和社会化外，在广大的县（区）、乡（街道）、村（社区）基层，特别是在经济欠发达的"老少边穷"地区盲目从众、跟风的多，懂科学健身的人少。在参加体育活动时，如果没有科学性、指导性、针对性和准确定位的健身方法，不仅使健身效果大打折扣，相反还会引起不良的后果，起到相反的作用。开展大众健身，既要有明确的健身理念，选择合理的运动项目，也要有适宜的运动方法，以及良好的运动环境和装备，同时还应具备一定的健身常识，如控制体重与调节营养，运动保健自主手段，这样才能起到良好的健身效果。

如何把大量国内外有关大众健身的科研成果，以及一些效果好、经济实用的健身方法推广到大众健身中，是一件刻不容缓的工作。目前，国家在科普工作方面已经加强了投入，把科普工作也作为一项重要的工作加以推广，如运动处方库和健身活动知识库的研制，运动处方师的培训以及科学健身中国行的开展等，这些都为科研成果的转化提供了强有力的支持。

20 世纪 50 年代，美国运动生理学家卡波维奇提出了"运动处方"说，这是大众科学化健身的里程碑式标志。所谓运动处方，即健身者事先对自身进行系统的健康检查和运动机能测试后，在专业人员指导下，按照健身者自己的年龄、性别、爱好、健康、体力、心血管功能状况，量身体裁地开出健身运动的方法。全民健身运动的科学化，不仅表现在健身项目、运动时间、运动负荷、运动频率的选择方面，还包含膳食营养、体能测试等方面，每个年龄段群体适应什么健身项目，每个人的身体状况定位怎样的健身负荷等，都要在遵循科学健身的前提下进行。因此，把国外的研究成果尽快地吸收、消化，为我所用，不仅可以提高大众健身方法的科学性，而且对于大众的科学健身具有良好的促进作用。

推广路径是指为实现推广目标，在推广活动中采用不同的组织措施和教授方式。随着信息化和人工智能技术的快速发展和全民健身意识的普遍提

---

① 方锦仕：《大众健身方法的研究与推广探讨》，《运动精品》（学术版）2016 年第 4 期。

高，利用互联网（主要是移动互联网）健身已经成为一种发展趋势，加上以往的传统推广方式，目前我国全民健身方法推广路径主要有以下两种：

1. 媒介信息推广路径

媒介信息主要指利用健身指导网站、健身指导 App、健身指导社交媒体以及电视、广播、报纸、图书等推广大众健身方法的一种方式。这种方式的主要特点有两个：一是自学的方式，如利用手环、App 进行健身等；二是利用媒介信息量大、传递快、覆盖面广、耗资少的优势，把要传播的大众健身方法制作成音像、光盘、印刷材料等形式，通过电视、广播、报纸、网络等媒介简单、快速传递信息的一种推广方式。如目前各种开发的网上健身指导系统（例如健身知识库、运动处方库），以及大家广泛使用的微信公众号、微博等都属于这一方式。

2. 组织网络化推广路径

主要包括两个方面。一是有组织的推广网络。网络化服务是大众健身方法推广的根基。如政府通过现有的组织网络体系，以及不断完善的健身公共服务体系，全民健身场地设施建设，以政府主导、部门协同、社会共同参与，构建全民健身工作格局。开展网络化服务，以行政组织-协会组织-社会团体-民间健身组织编织成的覆盖社会的健身组织网络体系，并在这个体系下，有计划、有组织地开展全民健身活动。在网络化服务中，行政职能部门和各级协会组织是主力，社区指导员、广大健身志愿者是骨干，形成以健身活动场所为点、以行政管理组织为线、以社区健身指导站、村街练习点为面的健身技能推广新格局。尤其在社区健身综合服务中，应借助社区网络化服务体系，定期邀请专家、学者为社区居民开办讲座，办培训班，面对面讲授健身、体疗、保健等常识，为全民健身注入持久的发展活力。另外，通过开展大型科学健身宣传活动，也能起到良好的社会效果，如国家体育总局体科所组织开展的"科学健身全民健康"全国运动健身科学指导活动，国家体育总局运医所举办的"科学健身大讲堂"等。另一个是自组织的推广方式。如在公园、小区广场以及健身场所等，自发组织开展的各种形式的健身方法。

比较多的有广场舞、太极拳、气功、甩鞭、篮球、足球等。网络化推广的主要特点是以现场组织，教授指导为主，具有直观、真实、群众容易理解接受的特点。

三、完善全民健身科学研究和推广

科学健身指导内容建设。8月8日是法定的全民健身日，在2018年的这一天之前不久，国家体育总局向社会相继公布了新版《全民健身指南》和最新制作的《科学健身18法》，这说明了在这个关系到大众健康的重要节日，国家是鼓励和动员全民积极主动地去进行科学健身的。科学健身需要讲科学，懂方法，还要了解运动营养、运动损伤的预防及恢复等方面的知识，需要把这些科学的健身方法和知识转化成大众的健康食粮，这也正是科学健身指导的意义所在，只有这样，大众通过科学健身才能起到预想的健身效果，否则适得其反。以国家体育总局的名义发布，说明了国家对科学健身指导的重视，也说明了这两项成果是在科学研究和大量实践经验的基础上得出来的，是适用于大众健身的，是经得起实践检验的。但是，本书中已多次提到，科学健身指导的对象是多层次、全方位的，需要大量的高质量、效果显著、科学性强的科研成果，这是全民健身活动指导体系的根本和基础，只有这样，全民健身活动指导体系的意义和运行价值才能够得以体现。

科学健身科普推广工作。科普工作是促进全民健身活动指导体系有效运行、提高广大人民群众健身素养的重要步骤，本书提出以下几个方面的策略：①创建一支精干的推广团队，包括体育、医学、营养和康复等方面的专家；②根据大众和健身方法的不同特点有针对性地进行推广；③以"全民健身"为主题举办各类社会实践活动、讲座及赛事等；④以完善的政府组织体系为主体，以群众体育组织网络为基础，充分发挥基层组织的作用进行推广；⑤充分利用各种媒体等进行推广；⑥创立简单、实效的活动内容模式进行推广；⑦挖掘地方和民族特色，提供丰富多彩的活动供给。

第五节　全民健身活动指导模式

一、全民健身活动政府指导模式

全民健身活动政府指导模式的主要作用是从国家发展需求的角度为出发点，充分发挥在统筹、监督和制定政策方面的作用，以保证满足社会公共需求、大众享有最基本的体育健身服务。

在全民健身活动指导方面，政府的责任具体体现在三个方面。在组织方面，政府应当积极发挥其自身推动全民健身活动开展的主导作用，为全民健身活动创造基本条件，提供基本服务。在管理方面，让各类民间组织和社会群体积极参与公共事务管理。在反馈方面，通过政策调整和制度建设的有效手段，建立确保制度运行的机制，对社会公众的诉求做出积极的回应，从而达到诉求的快速解决和满足。

（一）政府全民健身活动指导体制

政府在介入公共服务领域应遵循以下原则：①多管理，少干预；②多掌舵，少划船；③根据产出而不是指令或意图来评判政府机构；④政府机构应关心防治而不是善后；⑤无论在公众领域还是私人领域，竞争比垄断好；⑥公民是有评价能力的顾客，必须听取他们的意见，给他们选择的余地；⑦政府的应变能力和灵活性十分重要。

《"健康中国 2030"规划纲要》《全民健身计划（2016—2020）》《体育强国建设纲要》的颁布，以及冬奥会的举办为全民健身的发展带来了历史机遇，需要充分发挥政府在规划、监督以及制定全民健身发展政策的主导作用，加强各行政机构间的关系，进一步理顺中央和地方的关系。总之，在中央的领导下，采取多种手段，发挥地方的积极性。

1. 做好顶层设计，设置全民健身工作部际联席会议制度

国务院已于 2016 年底批复建立全民健身工作部际联席会议制度，联席会议由国家体育总局、国务院办公厅、中宣部等 29 个部门组成，办公室设在国家体育总局。该工作机制的设立，为贯彻落实《全民健身条例》和全民健身计划，加强对全民健身工作的宏观指导和统筹协调，推动健康中国建设，实现体育强国具有重要的意义。该会议制度明确了工作职能，制定了工作规则，提出了工作要求。明确提出了贯彻落实党中央、国务院关于实施全民健身国家战略的决策部署，强化各级政府主导全民健身事业发展的主体责任，协调有关部门和单位抓好全民健身计划相关任务措施的落实，推动完善政府主导、部门协同、全社会共同参与的全民健身事业发展格局等内容。如 2018 年 4 月 28 日，由国家卫生健康委员会、国家体育总局、教育部、全国总工会、共青团中央和全国妇联共同主办的"2018 年健康中国行——科学健身"主题宣传活动启动仪式在京举行，这项活动就是在各部委协调的基础上成功举办的。

可以说，构建新的全民健身格局已成共识，从最高层次为全民健身事业进行了顶层设计，从上到下构建起了齐抓共管的全民健身指导机制（图 4-7）。该机制的设立，是指导我国全民健身工作的指挥棒，商讨全民健身事业发展的措施办法，有效推动了中央层面"部门协同"工作机制的运转，示范性地带动了地方各级政府和部门全民健身新格局的建立。对于统筹政府在全民健身活动方面的资源，充分发挥在统筹、监督和制定政策等方面的功能起到了很好的作用。

部分省（自治区、直辖市）还在体育局之外又设立了全民健身活动小组，专门管理全民健身活动，研究解决需要多部门协同落实的问题，并由各级政府的领导人担任组长。据统计，截至 2018 年 3 月，全国已有 28 个省（自治区、直辖市）、328 个市、1723 个县建立由政府牵头的全民健身领导协调机制。如上海市为及时处理群众健身活动的具体实施及实施中出现的问题，成立由市领导担任组长的"上海市全民健身领导小组"。各区县设有相

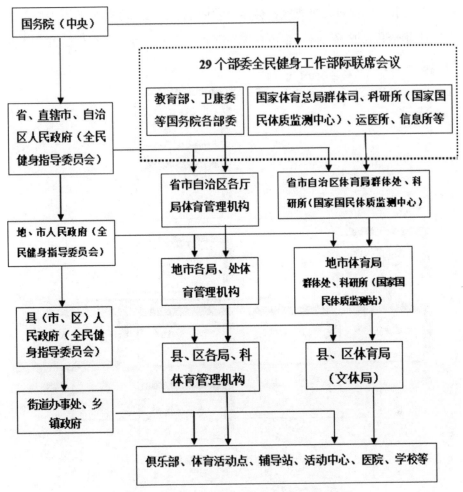

图 4-7　我国政府全民健身活动指导机制简图

应组织机构，如区体育局群体处或区社会体育指导中心，负责全民健身活动的具体规划、实施协调和疑难问题的有效协调解决。各街道设全民健身的领导工作小组。居民委员会一方面接受来自街道和区县相关部门的业务指导，一方面负责社区内群众体育的管理，承载着对群众活动点设施设备进行服务和维护等工作。[①] 上海市虹口区体育局是虹口区群众体育的主管机关，区体

---

① 孙吉：《城市社区群众体育管理研究》，硕士学位论文，广西大学，2012年，第14页。

育局内设群众体育科，另有区社会体育发展中心、区市民体质监测中心。由此区体育局形成了承上接受市体育统一部署，启下服务于各街道的群众体育组织体系（见图 4-8）。

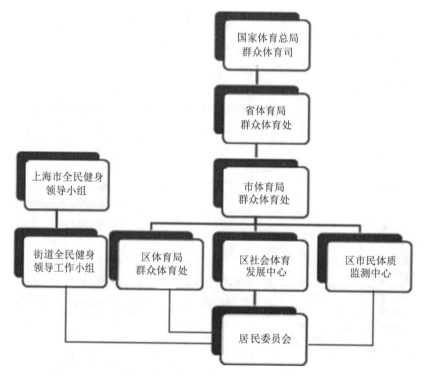

图 4-8　上海市群众体育组织体系

广西的农村群众体育组织管理在宏观机构设置上，主要是在自治区全民健身指导委员会的领导下，以自治区、直辖市、县三级框架为主，以各级全民健身指导委员会为主导，各级体育局群体处、科为辅的双线纵向垂直管理的社区体育管理模式。① 及至乡镇级别的管理体制上，管理机构设置路径为：县文化与体育局——文体事业股——乡镇化广播站——村委会下属的全民健身领导小组（见图 4-9）。

---

① 杨海晨等：《广西新农村建设中乡镇群众体育管理现状与发展趋势分析》，《中国体育科技》2009 年第 2 期。

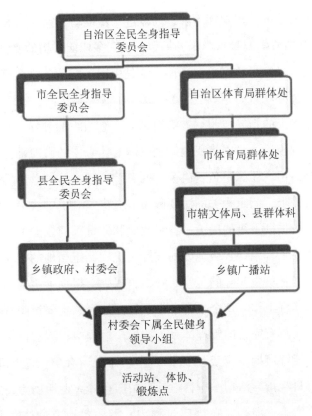

图4-9　广西农村全民健身活动领导小组机构设置

又如苏州市全民健身工作指导委员会致力于统筹协调全市全民健身工作的开展，推动和协调政府有关部门落实全民健身工作的相关政策措施。指导委员会会议每年召开一次，推动全市逐步建立和完善全民健身协同推进机制，为市民提供更加高效的公共体育服务，让市民有更多的幸福感和获得感。

总体来看，各级政府部门的全民健身协同机制基本建立，从组织上为全民健身活动的开展、科学指导全民健身起到了积极的组织和协调作用，但是，全民健身活动涉及方方面面，有治安、交通、医疗等，以体育部门牵头协调的力度也不大，导致该机制运行较为松散，通过部门联动，有针对性地解决具体难点问题的作用发挥不够，尚需进一步推动、完善和落实。

2. 构建全国科学健身指导服务平台，实现多职能机构的协作发展

一是我国全民健身政府组织管理系统是由国务院、各级政府、各级体育行政机构、街道办事处、居/村委会构成，在这个系统内，上级组织要对下级组织进行业务上的指导，履行上级组织对下级组织的领导、管理职能。根据韦伯的科层制理论，可以将我国的全民健身体系中的政府部分分为三个层次。第一个是高层，职能是负责决策，国务院、国家体育总局等部门负责根据全民健身的需求，制定相关的法规政策，做出宏观上的决策。第二个是中层，职能是负责贯彻上级的决策，各级政府和体育部门依据上级部门对于全民健身工作的要求，结合各级地方的实际情况，制定当地的工作目标。第三个是基层，职能是负责实际的工作，各街道居委会根据上级部门的指示，管理各辖区内的体育工作。这个平台集中了我国体育的主要组织资源，专业性强，善于管理，具有完善的管理体系。在推广过程中，能够快速、有效地贯彻实施，并且能够定期、定点地操作运作。如全运会中的全民健身比赛项目，全民健身科学指导活动——科学健身中国行等大型活动等，主要是依靠这条路径推广实施。但是，在推广过程中，需要各地方的体育系统密切配合，认真贯彻落实。

二是由国家体育总局群体司、体科所、信息中心、相关大专院校等牵头，以国家国民体质监测中心为基础，构建全国科学健身指导服务平台。全国科学健身指导服务平台是在充分利用当前体育领域前沿研究成果与技术的基础上，综合运用物联网、云计算、体质检测、运动处方制定、身体机能状态监控、效果评估以及信息服务（活动信息、场馆信息、科学健身信息）等手段，实现健身场所、体质测定、运动干预、运动康复、教育培训、科学研究等多种功能的、贯穿大众科学健身全过程的科学健身指导系统，即国家体质与健康监测大数据管理中心和国家科学健身服务云、30个左右省市级科学健身指导中心和若干多模态科学健身指导站点，形成全覆盖的科学健身指导服务平台网络。（见图 4-10）

其服务内容为每年服务一定人次的体质测定和健身指导，相关数据上传到国家国民体质监测中心。在每个省（自治区、直辖市）建设地级市和区县级体质测定与健身指导中心（地市级 3 个以上，每个地级市下属区县级 3 个）。其运行模式以市场化运行为主，政府提供技术支持（人员培训、健身方法库），规范（测定、指导工作规范）和激励政策。通过国家平台与地方平台的整合，线上和线下双向服务，探索各地国民体质测定与体育健身俱乐部相结合的模式，促进体质测定与健身指导紧密结合。

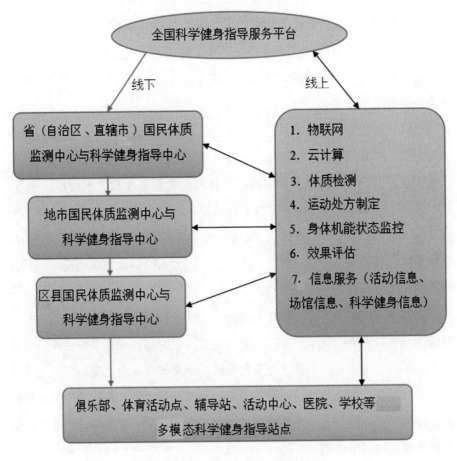

图 4-10　全国科学健身指导服务平台

（二）政府全民健身活动指导运行系统

1. 线上运行系统

以互联网、大数据、云计算等创新技术为抓手，以增强人民体质，满足人民群众的健康需求为根本目标，融合社会各级部门公共资源，建设科学健身指导服务网络平台系统，是建设线上运行系统的总体思路。①运用最新的互联网技术改造升级国民体质监测系统，提升体质监测工作效率和科学健身指导工作服务质量；②转变工作模式，在满足国家国民体质监测工作任务的同时，将国民体质监测由体质监测数据采集向提供科学健身指导服务转变，更好地为人民群众的体质健康服务；③搭建现代化网络信息服务平台，融合社会各类健康服务资源。

在政府的主导和倡导下，在社会各方的积极配合和参与下，遵循"以需求为前提""以人为本"的原则，以增强全体人民体质健康为根本目的，建设为大众提供公益性的基于网络的国民体质监测服务平台。平台以"4+5+X"的方式依托各级国民体质监测中心、科学健身示范区、体质测定与运动健身指导站点，以O2O的模式，通过线上服务平台，线下实体运营，用信息技术打通线上线下，实现服务一体化。为广大人民群众提供便捷的国民体质监测健康综合服务。

如图4-11所示，"4"是指4大端口，包括PC平台网站、手机微网站、微信公众平台、手机App。"5"是平台涵盖的5大基本功能系统——信息发布平台系统、体质在线测验评价平台系统、专家指导平台系统、需求与评估反馈平台系统、国民体质健康数据管理平台系统。"X"是通过各类功能的使用和各种资源的融合，最终形成"大数据"，为我国群众体育事业发展提供政策制定的科学依据。

信息发布平台系统。信息发布平台是一种服务平台，是科普教育服务、知识服务和信息服务的综合体。该服务平台主要对国民体质监测、检测以及

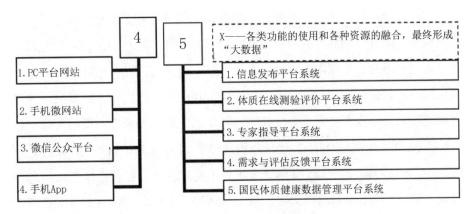

图 4-11　基于网络的国民体质监测服务平台

科学健身工作相关信息进行发布，包括工作方案、科学健身的内容、体质测试的意义，等等。加大宣传力度，让普通大众通过移动互联网、智能手机客户端等新媒体及时准确地了解相关权威信息。同时该服务平台系统针对大众对于健身信息方面的需求，可以通过健身知识、活动信息、政策法规、先进案例等的权威介绍和传播，普及大众比较感兴趣的运动健身的小知识和常识等，充分调动大众参与科学健身的热情和积极性。

体质在线测验评价平台系统。该系统将依托国家和各省（自治区、直辖市）国民体质监测数据库和体质评价标准，以居民的身体形态、生理指标、身体素质等指标为依据，收集、储存居民体质现状的信息来建立健身网络指导系统资料库，使大众能够非常便利地在网络上找到自己对应的指标。该评价系统会根据个人体质评价的结果和现状，制定相应的锻炼计划、给出相应的科学健身的建议，确定适应的负荷强度等，使之成为宣传科学健身指导服务的平台，居民了解个人体质状况的窗口，同时支持在线统计数据查询、在线测试结果评估等。

专家指导平台系统。该系统进行健身指导是顺应科学技术发展的一种实效性方法，该平台系统直接地通过网络新媒体向大众提供各种科学健身指导。针对性别、年龄、体质、爱好等特点进行分类，根据大众的需求进行健身方式的指导选择，并给予有针对性的建议和指导，使之能更快捷、更方便地进行科学健身。建立专家智囊团队和专业人才库。邀请相关领域专家和学者进入网络平台，采用实时在线的形式与大众进行科学健身的交流和指导；或采用参与者提出疑难问题，专家根据留言在一定时间内给予回复的形式进行网络指导。专业人才库主要依托体育科学研究所体质研究方面的专家、体育类高校和其他高校体育类专业师资力量，以省（自治区、直辖市），市（区、县）各级的社会体育指导员人才为主要后盾，以经营性体育场所的健身教练和具有专长的体育爱好者和骨干为辅助，为大众提供更加科学、权威的便捷服务。不断完善体质健康分析专家知识系统，建立基于体质健康指标融合的专家与分析模式，通过云平台的海量存储和数据分析处理能力，结合专家知识库和用户的历史体质健康数据，为用户推送全方位的服务。

需求与评估反馈平台系统。通过该板块定期或不定期对用户进行调查，了解用户需求，以问题为导向，以问题倒逼工作落实，根据广大居民的实际需求推进国民体质监测工作的不断完善。反馈的最终目的是要求对客观变化做出恰当的反应。面对不断变化的客观实际，管理和决策是否有效，关键在于是否能够快速、有力、正确地给予反馈。为了保持系统稳定的良好秩序，必须使系统的结构具有不断自我调节的能力。因此，国民体质监测网络平台系统将通过评估反馈系统，不断调整服务内容和方式，逐渐趋于完善和优化。该系统主要包括用户的需求调查、国民体质工作第三方评估调查、反馈措施等等。

国民体质健康数据管理平台系统。该系统主要是通过个人体质健康档案的建立、数据库的使用等，实现监测、检测数据传输和统计分析的自动化、智能化，进而对大众体质健康状况进行动态监控。①将各级监测数据汇集到总数据库中，实现对数据的管理、存储和维护功能。②定期发布不同区域、不同监测对象的体质监测数据报告，向社会公开、实时发布。③使公众和管理部门能够在第一时间对体质状况及有关监测指标进行实时查询，了解和掌握个人及所在区域群众体质的变化现状。

"X"平台系统。该系统一方面对本身网络平台的各类信息和数据进行计算、分析、整合；另一方面做好数据的标准化入口，陆续与其他体育公共服务信息平台包括与医疗卫生健康等平台进行对接，融合各类资源，最终形成"大数据"，为我国群众体育事业发展提供有力的支持。

上述目标实现后，将实现国民体质监测信息发布、体质数据分析应用、科学健身指导、个人体质健康管理等多位一体的现代化和信息化，建成国内最先进的国民体质监测网络平台，实现国内国民体质健康资源数据全面覆盖和一站式服务。

作为面向个人用户的移动体质测定和健身指导服务系统，应具有使用便捷、操作灵活、费用低廉、沟通迅速的特点。这一系统框架的特征应包括：操作的一致性。系统具有统一的体质健康信息采集、接入模式，终端软件符合智能手机常规软件操作的要求。数据的统一性。系统具备对数据的统一管理能力，体质健康数据可根据业务需要被透明无缝地引入需要计算的地方进行计算，可以根据用户需求随时展现具备说服力的业务数据合成。系统的安全性。采用基于 MQTT 消息中间件连接的用户管理和后台安全验证方法来强调系统安全性，系统具备进行确认身份操作，所有操作请求的验证均采用后台计算模式，源自系统分层的权限控制，系统允许用户根据需要灵活定义业务数据的数据域权限。系统的扩展性。系统内设备实行添加或减少都不会影响其他设备的运行。⑤运行的强壮性。拥有足够快的信息通信和处理速度，能够支撑更高的数据承载能力和吞吐能力。

该系统的建设由体育主管部门向上级主管单位申请立项，并提供建设资金和运营场地。由第三方负责提供建设相关的技术、设备和人员。在运营方式上，由政府主导，采用购买服务、合作经营等多种方式，在体育主管部门的领导和监督下，各级国民体质监测中心负责日常运营及维护，引入第三方机构负责商业拓展及商业服务项目。

其建设步骤包括三步。第一步（近期目标）：初步建立起国民体质监测网络平台系统。梳理完善相应数据库和体质评价标准，推出手机 App，向广大用户推送国民体质监测相关信息，让广大用户可以方便、及时、清晰地了解相关内容，能够进行线上线下的体验。

第二步（中期目标）：进一步完善平台各系统功能。向全国范围辐射，整合国内各地资源，覆盖全国各地主要城市，把各级国民体质监测中心、体质测定与健身指导站纳入平台系统，建立多级国民体质监测网络平台系统，线上线下互通，实现服务一体化。由于我国各省（自治区、直辖市）发展的不同步性，各省（自治区、直辖市）在国民体质监测工作开展上存在较大差异。因此，在网络平台建设过程中要结合国情，从实际出发，区别对待，分布进行。发达地区要注重线上建设，尽快完善平台各项功能；欠发达地区注重线下建设，加快基础设施建设，尽快建立起基层监测网点。

第三步（远景目标）：开放共享，整合资源，提升体育行业网络服务水平。未来的国民体质监测将依托国民体质监测中心、体质测定与运动健身指导站，通过互联网把参与者、体育社会团体组织、大专院校、科研机构、健身企业及多种社会力量充分进行整合，使体质测定的科学性、自发性更强，达到为大众提供科学的、权威的科学健身指导服务的目标，让全民体质健康提升计划得到更有力的保障。

2. 线下运行模式

我国已经建立了覆盖国家，省（自治区、直辖市），市（区、县）的四级国民体质监测体系。国民体质监测网络的纵向结构由省（自治区、直辖市），市（区、县）国民体质监测中心和基层监测站点四个层次构成。特别是基层的国民体质监测中心和监测站点，担负着监测和检测的任务，因此，利用现有的组织管理体系，搞活基层站点，充分调动各方面的积极性，有利于科学健身指导服务平台的建设与发展。具体的运行模式有以下三种：

一是体育部门与高校体育院系合作共同管理的运行模式。其优点在于：当地高校有较完善的体质监测资源，如监测仪器、监测场地以及健身场馆等，因此，国民体质测定、测试数据分析与健身指导等任务可以放在学校进行。接受省（地）级体育行政部门和学校的共同管理和领导。利用高校人才的优势进行体质监测知识科普、营养与健康、体育与健康讲座等科学健身指导。目前，在浙江省的省级站点中，较多地市都是采用这种模式。这种模式不仅保证了国民体质监测工作的正常运转，而且充分利用了高校的丰富资源，是一项合作共赢的合作模式。如果当地高校是医学院校，对于促进体医互渗、体医融合突出以体为主的特色是一种不错的模式。

二是体育部门与医疗机构合作共建的运行模式。即体育行政部门与当地医疗机构进行合作，创建国民体质监测与健身指导中心的一种运作模式。该共建模式标志着医院不仅仅只是诊治职能的机构，也开始向具备预防疾病和体质监测与健身指导的双职能转变。其优点在于：可以有效地转变大众的健康与健身理念，即由原先的"有病治病"向"无病预防"观念转变；并且转变医院在老百姓心中的形象，提高医院的竞争力。建在医院的体质监测与健身指导中心，可以保证监测和检测人员的广泛性以及国民体质监测数据获得的常态化。由于医院具有较强的专业性，能够保证监测和检测意外事故的妥善解决，降低了监测和检测过程中意外事故的发生。当前实施的"健康中国"战略和"加快推进体育强国建设"正处于快速发展的大好时期，卫生、民政、教育、旅游等庞大的社会力量积极参与国民体质监测与科学健身指导工作中[①]，完全有必要也有可能通过构建相互融合、优势互补、合作分工、共同发展的产业链，为大众健康提供优质的服务。

三是体育部门与企业合作共管的运行模式。即体育行政部门与企业合作的一种运营模式。其主要优势在于：通过体育行政机构与企业（健身机构或者健康管理公司）合作进行共同建设，利用企业的管理模式和相对完善的硬件，可以提供形式多样、更加灵活的体质检测和健康指导，为广大群众服务，同时可以提高企业信誉度，增强市场竞争力，最大限度地获得和占领当地的健身消费市场，有效地赢得老百姓的信任。探索市场开发规律和操作新

---

① 陈亚东：《国民体质监测机构运营模式创新与业务能力建设的思考》，《南京体育学院学报》（社会科学版）2016年第6期。

模式。利用体质检测和健身指导这一平台与社会结合点多的特点，从各种渠道吸收社会资源广泛地参与进来，通过市场运作探索出一条新的使原有体育资源增值的运作模式。企业都是市场经营模式，通过企业运作体质监测与健身指导，可有效提升老百姓免费参与体质监测和检测的积极性与广泛性，不仅有利于企业规模化经营，而且也可以扩大体质监测与科学指导的健身效应。

二、全民健身活动非营利性组织指导模式

非营利性组织也叫第三部门，介于政府与企业之间，是一类非政府的、非营利的、自主管理的、以解决各种公共性问题为己任的社会组织的统称。萨拉蒙把第三部门的特征归纳为：组织性、民间性、非营利性、自治性、志愿性、公益性。[①] 其中后四个特征对第三部门以自愿求公益的价值取向做了很好的诠释。

非营利性组织在全民健身活动指导中的责任主要有：研究制定各单项的全民健身活动发展规划；完善协会自身建设；宣传、推广全民健身活动；建立行业规范，进行业务指导和行业管理。于善旭把体育非营利性组织提供公共体育服务的优势概括为三点：一是弥补市场失灵与政府失灵的功能优势，二是组织形态和运作的优势，三是分配机制协调的优势。

体育非营利社会组织分为法人登记和备案登记两种（见表4-14）。法人登记是社会组织成为具有独立承担民事责任能力的民事主体的必备条件。截至2013年底，我国法人类体育社会组织有28263个，其中体育社会团体17869个，体育类民办非企业单位10353个，体育基金会41个[②]。备案登记，即未达到法人条件的体育社会组织亦称为未登记体育社会组织或草根体育社会组织，应根据其活动范围在经属地民政部门授权备案管理的乡、镇、街道

---

① 苗大培：《"第三部门"与全民健身服务体系（2009）》，北京体育大学出版社，第9页。
② 刘国永等：《中国体育社会组织发展报告（2016）》，社会科学文献出版社2016年版，第20页。

或村、居委会做备案登记。

表4-14　体育社会组织按法律地位分类①

体育非营利组织	法人登记体育社会组织	体育社会团体	学术性社团（如体育科学学会）
			行业性社团（如火车头体协）
			专业性社团（如体育单项协会）
			联合性社团（如体育总会）
		体育基金会	公募
			非公募
		体育类民办非企业单位	青少年体育俱乐部
			社区体育俱乐部
			体育健身服务机构
	备案登记体育社会组织		单位内部体育组织
			城乡社区健身组织
			健身站（点）
			网上体育爱好者群体

1. 体育社会团体

按照组织功能和性质界定，体育社会团体是指人们自愿组成，为实现共同的体育愿望，按照其章程开展活动的非营利性社会组织。体育社会团体在实现人们的共同体育愿望、维护争取体育权益、组织开展竞赛活动、普及推广体育活动、提高运动技术水平和提供专业化体育服务等方面具有独特的功能和作用。作为体育社会组织的主要构成，体育社会团体数量最多，我国目前法人登记的体育社会组织中体育社会团体占比达到60%左右，未登记的体育社会组织（草根体育社会组织）中体育社会团体占比约90%以上。按照服务对象和范围区分，体育社会团体包括体育总会、体育单项协会、人群体育

---

① 刘国永等：《中国体育社会组织发展报告（2016）》，社会科学文献出版社2016年版，第21页。

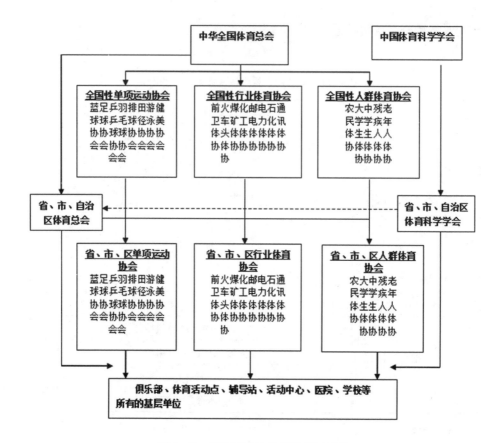

图 4-12　我国群众体育组织指导网络

协会、行业体育协会、体育科学学会和未登记体育社会组织等。①

　　例如中国体育科学学会成立于 1980 年，是我国成立时间长、运作规范、社会影响较大，集学术性、科普性、公益性于一体的最大规模、最高层次的体育科技学术社会团体（图 4-13）。目前，该学会多渠道、多形式地开展体育科普宣传、健康教育活动，普及体育科学技术知识，推广科学健身理念与方法，开展青少年体育教育活动，向社会提供咨询与服务，提高全民身体素

---

　　① 这里需要说明的是，部分代表行业人群的协会，如火车头体育协会、银鹰体育协会虽然是由行业发起成立的，但不具有行业协会的属性，即不具有行业企业的代表性，仍然属于人群体育协会。

质、体育素养。其二级分会国民体质研究分会通过定期开展"全国运动增强体质与健康学术会议"，在学术科研方面，为科学健身指导的科学性提供了有力的支持。

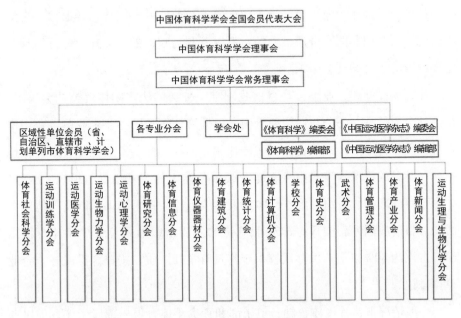

图 4-13　中国体育科学学会机构组成

又如，中国社会体育指导员协会是自律性组织，其任务是积极宣传和推动我国全民健身运动，发展全民健身事业，落实《全民健身条例》和《全民健身计划纲要》以及《社会体育指导员技术等级制度》，积极落实我国公共体育服务各项任务，对我国社会体育指导员工作进行日常管理和业务指导，开展社会体育指导员等级评定和国家级社会体育指导员评审，研究我国社会体育指导员工作方针、政策，团结和凝聚各级社会体育指导员，对社会体育指导员开展业务和健身技能培训，组织和辅导群众科学健身[1]；编辑、出版、发行社会体育指导员教材、书刊；开展国内和国际间社会体育指导员

---

① 李美娟：《郑州市公益社会体育指导员管理机制研究》，硕士论文，河南大学，2017 年。

业务交流。为社会体育指导员的普及与发展，为科学健身指导人力资源的储备提供有力的保障。

2. 体育类民办非企业单位

体育类民办非企业单位是指企业、事业单位、社会团体、其他社会力量和公民个人利用非国有资产举办的，不以营利为目的的，以开展体育活动为主要内容的民办的社会组织。

体育类民办非企业单位是目前我国唯一种类的法定的体育类社会组织，是由社会力量举办的公益性服务机构，根据《体育类民办非企业单位登记审查与管理暂行办法》的规定，其主要作用是向社会提供专业化体育服务，包括体育健身的技术指导与服务，体育娱乐与休闲的技术指导、组织、服务，体育竞赛的表演、组织、服务，体育人才的培养与技术培训，以及其他体育活动。目前我国体育类民办非企业单位的主要组织形式是青少年体育俱乐部，占比约80%以上。民办武校由于其具有学校性质，按教育类民办非企业单位登记。①

一般情况下，社区体育健身俱乐部和青少年体育俱乐部属于体育类民办非企业单位性质的占多数。在北京每个区都设有这两类俱乐部（见表4-15）。例如：2015年，在北京市体育局注册的社区体育健身俱乐部有94个，其中58个社区体育健身俱乐部对居民免费开放，开展的活动项目涉及健身、篮球、羽毛球、乒乓球、台球、健身舞、秧歌、广场舞、跳绳等，活动项目多样化，极大地满足了社区居民生活健身娱乐的需求。北京市青少年俱乐部有166个，大多是中小学体育健身俱乐部，其中有1433名体育指导人员，开展的项目涉及球类、田径、游泳、健身、跆拳道、健身操、形体、空竹等，项目大都源自青少年爱好，由青少年体育俱乐部组织实施开展。

---

① 包瑞江：《新疆生产建设兵团第八师体育社会组织发展路径研究》，硕士论文，西北师范大学，2018年。

表 4-15 2015 年北京市社区体育健身俱乐部、青少年体育健身俱乐部分布情况

地区	社区体育健身俱乐部 数量（个）	青少年体育俱乐部 数量（个）	合计 （个）
东城区	8	28	36
西城区	9	27	36
朝阳区	12	15	27
海淀区	14	15	29
丰台区	7	20	27
石景山	1	4	5
门头沟	1	4	5
房山区	6	10	16
通州区	6	6	12
顺义区	12	5	17
昌平区	8	8	16
大兴区	3	3	6
平谷区	1	3	4
怀柔区	1	5	6
密云区	4	8	2
延庆区	1	5	6
总计	94	166	260

3. 体育基金会

按照《基金会管理条例》的定义，基金会指利用自然人、法人或者其他组织捐赠的财产，以从事公益事业为目的，按规定成立的非营利性法人。与其他基金会相比，体育基金会作为体育公益慈善组织的运营机构，主要支持和发展体育慈善事业。我国体育基金会大致可以分为三种类型，① 见表 4-16。从 2002 年开始，我国体育基金会的发展逐渐加快，特别是体育基金会

---

① 包瑞江：《新疆生产建设兵团第八师体育社会组织发展路径研究》，硕士论文，西北师范大学，2018 年。

在我国体育事业发展中的作用越来越明显，通过发挥其在募集资金吸纳资源
方面的独有优势，可以减轻财政负担，完善公共服务，传播公益理念，弘扬
公益文化。但是比起其他慈善类别的基金会，目前体育基金会的发展显得相
对迟缓。

表 4-16　体育基金会类型及性质

体育基金会类型	性质
官办民助型基金会	主要是指官方背景、面向公众募捐的公募体育基金会。
公募基金会	按照募集资金的地域性可分为全国性公募基金会和地方性公募基金会。全国性公募体育基金会，其募捐地域范围在国内不受限制，地方性公募体育基金会只能在其注册的省级行政区域内进行募捐。
民办官助型基金会	主要是指不得面向公众募捐的非公募体育基金会（亦可理解为独立基金型基金会）以及境外体育基金会。

随着我国机构体制改革的不断深入，作为非营利性组织的第三部门在开
展全民健身活动中的作用越来越重要。然而，第三部门的发展也存在着诸多
问题，如行政化倾向严重、社会公信力缺乏、法律法规不健全等。推进体育
领域第三部门的发展，必须推动第三部门去行政化改革，树立第三部门的权
威，建立健全相关全民健身法律法规。目前，我国的协会改革正在进行中，
如实行"扁平化"管理、由专业人士主持协会工作等，都是去行政化，促进
协会发展的有力措施。

三、全民健身活动企业类组织的指导模式

"当市场经济成为一个社会配置经济资源的基础性手段之后，这个社会
的体育领域便有市场机制这只看不见的手在发生作用。"[①] 我们知道，政府的
全民健身公共服务体系是公益性的，可以保证大众健身的基本需求，然而要

---

① 梁利民、孔祥华：《全民健身市场网络的运行机制研究》，《成都体育学院学报》2005 年。

满足各种人群的需要，还是要靠市场的力量。虽然市场的作用仍具有自身的局限性，但是，企业在全民健身活动指导中的作用是不能忽视的，包括促进全民健身指导活动的运行和发展，调动更多的社会资源和力量满足大众健身；在非基本公共服务的建设中起调节作用；市场导向机制能够确保群众体育持续发展，并为大众健身提供优质服务和良好的锻炼空间。

全民健身活动企业类组织指导模式主要是企业根据市场规律提供科学健身指导服务，满足公民的个性化健身需求和多样化消费需求。在政府发挥公共指导模式主体作用的同时，大力协助和推进全民健身活动指导的社会化和市场化。形成政府、社会、市场三者共同兴办的局面，实现全民健身指导体系运作主体多元化、供给内容多样化。

根据国家统计局 2019 年公布的《体育产业统计分类》，我国的体育产业划分为三层，第一层为体育产业的 11 个大类，第二层为体育产业的 37 个中类，第三层为体育产业的 71 个小类。11 个大类分别是（1）体育管理活动，（2）体育竞赛表演活动，（3）体育健身休闲活动，（4）体育场地和设施管理，（5）体育经纪与代理、广告与会展、表演与设计服务，（6）体育教育与培训，（7）体育传媒与信息服务，（8）其他体育服务，（9）体育用品及相关产品制造，（10）体育用品及相关产品销售、出租与贸易代理，（11）体育场地设施建设。[①]

在 11 个大类中，（1）、（2）、（3）、（6）、（7）、（8）几大类都与体育健身活动的指导有较大的关系。特别是（8）类的体育旅游服务、体育健康与运动康复服务，其内容包括观赏体育赛事、体育节、体育表演旅游活动、景区体育旅游以及体质测试与监测服务、运动理疗服务、运动康复按摩服务、科学健身调理服务、科学健身指导服务等，这些内容都是全民健身活动指导体系中的主要组成部分。

---

① 国家发展和改革委员会社会发展司国家体育总局体育经济司编：《国务院关于加快发展体育产业 促进体育消费的若干意见（100 问）》，人民体育出版社 2015 年版。

2014 年 10 月，国务院印发的《关于加快发展体育产业 促进体育消费的若干意见》中，将全民健身上升为国家战略，明确了体育产业的地位和发展方向，即"大力培育健身休闲、竞赛表演、场馆服务、中介培训等体育服务业，实施体育服务业精品工程，支持各地打造一大批优秀体育俱乐部、示范场馆和品牌赛事"。《体育发展"十三五"规划》中提出：调整产业结构，进一步优化体育服务业、体育用品业及相关产业结构，实施体育服务业精品工程、用品业升级工程和体育产业融合发展工程。支持打造一批优秀体育俱乐部、示范场馆和品牌赛事，着力提升体育服务业比重。两个文件的颁布，明确了体育产业在全民健身发展中的重要性和必要性，为"十三五"期间体育产业的发展注入了活力。

下面主要从体育健身休闲业、体育竞赛表演业、体育传媒业和体育人才培养业四个方面对全民健身活动企业类组织指导模式进行介绍。

1. 体育健身休闲业

体育健身休闲业是为了满足人民群众日益增长的健身、康复、休闲和娱乐等方面的消费需要而发展起来的面向大众的体育文化服务行业[①]。根据《上海体育产业发展报告（2014—2015）》，健身休闲业的就业类型包括健身教练类、行政服务类和技术支持类。其中健身教练类包含的工作岗位有一般健身教练、形体教练、私人教练、高尔夫教练等 10 多种。

体育健身俱乐部作为体育健身休闲业的主要组成部分，是由企事业单位、社会团体和公民个人筹资创办，为满足广大人民群众的健身需求，开展群众体育活动，以增进身体健康为主要目的基层体育组织[②]。按性质划分，俱乐部主要有两种类性，即经营性和非经营性（表 4-17）。非经营俱乐部如在前面提到的社区体育俱乐部和青少年体育俱乐部等。这里主要讨论的是经

---

① 钟秉枢等：《北京体育产业发展报告（2014—2015）》，社会科学文献出版社 2015 年版，第 131 页。
② 钟秉枢等：《北京体育产业发展报告（2014—2015）》，社会科学文献出版社 2015 年版，第 131 页。

营性俱乐部。

表 4-17　体育健身俱乐部的分类

健身俱乐部性质	类别	内容
经营性体育健身俱乐部（包括特许加盟模式和直营连锁模式）	单项健身俱乐部	提供单一的运动项目服务，如高尔夫、网球、跆拳道、游泳等
	综合性健身俱乐部	提供健身器械、健身操类、舞蹈类运动等服务
	项目、部门制健身俱乐部	由企业经营者出面组织或承担体育健身项目，并将其作为单位的一个服务部门或者一个营利性项目进行营销运作的经营模式。主要附属于宾馆、酒店
	场地租赁	场地租赁经营方式是指在不聘用大量专业健身教练的情况下，利用自身的体育场馆、器材等硬件设施面向组织、企业、个人出租的模式
	专职培训和自由职业者	通过提供场地和教练为消费者进行专业培训或体育健身服务。青少年健身辅导班这一形式较多，例如，针对跆拳道、网球等健身项目的夏令营或培训班得到广泛的开展以灵活的方式进行一对一或一对多的培训指导
非经营性健身俱乐部	主要包括政府和事业单位投资经营的健身俱乐部，以及公益性社区体育健身机构	是指不以营利为目的，向周边群众提供锻炼和休闲的场地，提供健身设备、服务以及专业化指导的非市场化的社会组织

　　近十几年来，我国培育出一大批具有加大经济规模、经济效益较好的健身俱乐部，初步形成以中体倍力、青鸟、英派斯、浩沙、好家庭等为代表的一大批具有一定品牌知名度和连锁化经营的健身娱乐企业。此外，国际健身娱乐市场上的龙头企业，如宝力豪、一兆韦德、亚历山大、美格菲等已经进入中国市场。俱乐部就是大众健身的载体，不仅是大众开展各种健身活动的场所，也是指导大众健身的重要阵地。

　　以浩沙健身俱乐部为例，就是为其会员提供良好的健身服务和完善的健身设施的营利性商业健身俱乐部。俱乐部结构见图4-14：董事长是公司总负责人，其下设有总办经理，总办经理下设职能经理和区域经理，职能经理主要负责各店的部门主管，包括客服部主管、会籍部主管、私教部主管及市场部主管。区域经理主要负责各店店长，而各店店长又对本店各部门（客服部、会籍部、私教部、市场部）全权负责。总办经理还对公司市场部、人力资源部、财务部和团体课程部等部门进行直接管理。其中，市场部主要负责市场推广活动及各店店面装饰，人力资源部主要负责人员招聘、岗位安排、员工培训及考勤等，财务部主要负责公司财政统计、收支及员工工资统计等，团体课程部主要负责各店团体课程的安排及调整。

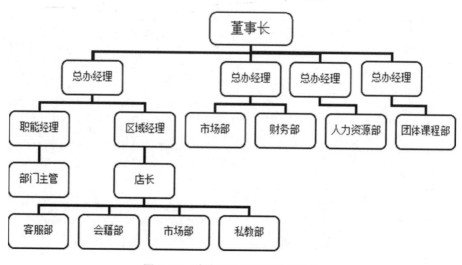

图4-14　浩沙健身俱乐部组织结构

就顾客管理来说，商业性健身俱乐部对于顾客的管理一般采取会员制的管理方式。浩沙健身俱乐部所采用的入会及管理制度是会员制，一对一服务，也就是说每一个会员都有对应的一个会籍顾问为其服务。就课程类型来说，目前商业健身俱乐部集体健身课程从课程编排的目标来分，可以分为三大类：有氧课程、功能性课程、身心类课程。有氧课程主要是指在中等强度下以有氧代谢为主，用以增强心肺功能的课程，主要的代表就是有氧舞蹈课程；功能性课程是指专门用以提高某项身体机能或者运动技术的课程；身心类课程是指具有独特的冥想因素的练习，同时以提高肌肉力量、柔韧性、平衡性和协调性等体能的课程。

2. 体育竞赛表演业

体育竞赛表演业的发展能够带动电视转播、体育媒体、体育中介等产业的发展，对经济社会发展的综合效应明显。《体育产业统计分类》中的体育竞赛表演活动分为职业体育竞赛表演活动和非职业体育竞赛表演活动两种。从管理体制来看，如北京市的体育竞赛表演业分为竞技体育、大众体育和商业性体育三类竞赛表演。竞技体育和大众体育竞赛表演由体育部门主办，企业承办或协办，即政府行政主导为主，市场运作为辅，运行机制为行政机制。商业性体育竞赛表演主要是企业独立承办，政府宏观指导，运行机制为市场机制。

近20年体育赛事的视频化和娱乐化，使视频转播市场已经成为体育竞赛表演业和国际主流赛事的核心市场[1]。此外，对于来现场或观赏体育赛事视频的大众，不仅使他们获得视觉上的享受，也是提高他们对体育的爱好和兴趣的机会，同时，也是一种示范和潜移默化的体育指导。

3. 体育传媒业

体育传媒业是一个新兴产业，是体育产业的延伸部分。体育传媒业的兴起对体育产业发展起到不可或缺的重要作用[2]。包括体育出版物出版服务、体育影视及其他传媒服务、互联网体育服务等。广义而言，体育传媒是指一切从体育活动、事件、人物中撷取素材，制作成文字、符号和影像产品并加以传播和销售的机构[3]。

从组织形态上看，它既包括从一般媒体中分立出来的专业化体育媒介机

---

①　钟秉枢等：《北京体育产业发展报告（2014—2015）》，社会科学文献出版社2015年版，第8页。

②　钟秉枢等：《北京体育产业发展报告（2014—2015）》，社会科学文献出版社2015年版，第19页。

③　鲍明晓：《在传播体育中创造财富——体育媒体产业探蹊》，《体育文化导刊》，2008年。

构，也包括在一般媒体中从事专门化体育报道的部门。从分类上看，它既包括传统媒体中的体育报纸、体育杂志、体育广播、体育电视，也包括新媒体中的体育网络[①]。从内容角度来看，体育传媒产品涵盖了体育新闻、体育赛事报道、体育知识普及、运动项目推广、体育文化传播等。从具体组织构成来看，包括体育新闻信息采集机构、加工机构、信息传播渠道、广告公司、媒体检测测评机构及其他配套服务商[②]。

例如博克森集团主营体育格斗类项群产业（见表4-18），业务涉及我国体育产业11大类中的9大类（"体育用品及相关产品制造"和"体育用品及相关产品销售、出租与贸易代理"等二大类产业暂未涉及），是中国新媒体时代领先的体育赛事传播平台开发管理运营商，独家运营以中国互联网电视"搏击世界"为核心的全媒体传播平台，拥有大量搏击类体育赛事IP资产、资源及运营权，是中国搏击体育分众市场中搏击赛事IP无形资产集群化、规模化、完整化运营与管理的领先企业。该企业在宣传和推广以体育格斗类为主要项目的过程中做了大量的工作，对于推广全民健身，宣传科学健身指导起到了良好的社会效果。

表4-18 博克森集团概况

项目	内容
主营业务	体育格斗类项群产业
营业范围	体育管理活动、体育竞赛表演活动、体育健身休闲活动、体育场馆服务体育中介服务、体育培训与教育、体育传媒与信息服务、其他与体育相关服务、体育场地设施建设
集团业务	体育竞赛表演、体育健身休闲活动、体育中介服务、体育培训、体育健康服务等方面。
产业模式	通过一、二级市场联动，构建体育竞赛表演，传播互动+休闲娱乐+文化消费+商务运营为主线的闭合循环产业链。

---

① 鲍明晓：《在传播体育中创造财富——体育媒体产业探蹊》，《体育文化导刊》，2008年。
② 丁俊：《我国体育传媒发展现状及趋势分析》，《湖北体育科技》，2013年。

体育传媒作为传播体育信息发布和引导大众健身的载体，特别是传播全民健身方面的信息，包括引导大众科学健身方面起到了无可替代的作用，也是全民健身活动指导体系中不可或缺的重要路径。

4. 体育人才培养

发展体育产业，人才资源是关键，体育人才资源是推动我国体育产业科学有效发展的第一资源[①]。体育人才是社会人才资源群体中的一部分，对体育发展起着促进和推动作用。体育人才是指具有一定体育学识水平或技能，能在体育领域中做出较大贡献的人[②]。就体育产业人才而言，学界对其概念范围界定各异。中国于1996年颁布了《体育产业发展纲要》，将体育产业划分为体育主体产业（也称本体产业）、体育相关产业以及体办产业三类，依据这三类体育产业可划分体育产业人才以及相关的体育产业人才（见表4-19）。

表 4-19　体育产业人才分类

人才类型	从事工作内容
体育产业人才	体育经纪（运动员经纪、教练员经纪、赛事经纪、体育组织经纪、体育保险经纪、体育用品、体育广告、体育影视、体育咨询、体育资金的运作及管理等）
相关的体育产业人才	俱乐部经营管理、社区体育健身、体质监测与评估、体育康复与医疗、体育运动专业人员、体育科研人员、体育营销及策划、体育经纪人、体育公共关系和商务谈判人员、体育法学、体育影视传播及广告、体育统计、体育财务管理、体育金融保险及体育新闻网络。[③]

目前我国从事体育产业的人员主要有三类：第一类是来自体育院校的毕业生、退役运动员、教练员、体育爱好者等；第二类是经济管理类专业人

---

① 钟秉枢等：《北京体育产业发展报告（2014—2015）》，社会科学文献出版社2015年版，第310页。

② 钟秉枢等：《北京体育产业发展报告（2014—2015）》，社会科学文献出版社2015年版，第311页。

③ 丁明红：《我国体育产业人才培养及问题研究》，《求知导刊》2018年。

士；第三类是来自其他专业的毕业生。其中，体育院校为体育产业人才的培养做出了巨大贡献，这些院校开设的体育教育、运动训练、社会体育、运动人体科学、民族传统体育等专业均为体育产业提供了人力资源保障。[1]

就我国体育产业人才培养路径来说，目前承担体育产业人才培养工作的主要机构是学校和培训机构，承担体育人才开发工作的主要机构是体育经纪公司。纵览近年来体育产业人才培养路径，可以将其归纳为高校单独培养、依托高校联合培养、体育产业课程班、国家职能部门培训以及体育职业资格培训与认证五种[2]，培养路径比较完善。该路径是科学健身指导专业人员培养的基地，可以源源不断地为社会输送科学健身指导等方面的专业人才，保证了我国全民健身活动指导体系有效的工作和运转。

5. 构建政府、非营利性组织和企业组织竞争-合作的良性互动关系

如表 4-20 所示，政府组织、非营利性组织和企业组织这三种组织的价值追求不同，运行机制有区别，这些也决定了三大组织在提供全民健身服务方面各有优劣，在全民健身活动指导中的作用也是不一样的。但是三者互补性很强，只要三者根据不同的定位，发挥各自的作用，处理好三者的相互关系，全民健身活动指导就能取得最大化的效果。

表 4-20　三种组织的价值追求和运行机制比较

名称	价值追求	运行机制
政府组织	以强制求公益	行政机制（非竞争性）
市场营利性组织	以自愿求私益	市场机制（竞争性）
非政府 非营利性组织	以自愿求公益	民主自治机制（居委会或社区）、准市场机制（社会服务组织）、无私奉献机制（志愿者组织）

① 钟秉枢等：《北京体育产业发展报告（2014—2015）》，社会科学文献出版社 2015 年版，第313 页。

② 钟秉枢等：《北京体育产业发展报告（2014—2015）》，社会科学文献出版社 2015 年版，第318 页。

（1）非营利性组织与政府体育部门之间的关系

非营利性组织所独有的"以自愿求公益"的价值追求决定了其提供一些特定的、政府不能提供或效果不好的公共产品的优势所在，如街边自组织的健身舞的指导，公园里的志愿者教授大家练习太极拳等。这些项目和服务对政府而言是力所不能及的，填补了政府的不足与空白。

图 4-15 政府与第三部门关系示意图

前面已经论述，从法律角度来看，非营利性组织分法人登记和备案登记两大类，在目前我国的体育管理体制下，法人登记类的体育社会组织的行政化色彩依然较重，参与政府的决策程度并不高，导致二者的关系并没有捋顺，致使非营利性组织的作用受到一定的束缚。为了处理好非营利性组织与政府体育部门之间的关系，要解决好以下三个方面的问题。

第一，去行政化的问题。传统体制下，主要的社会资源都被冠以"公有"之名置于国家的统一支配之下，社会公共事务活动完全由政府统一安排，政府及其附属机构既是唯一合法拥有社会公共资源的配置主体①，又是社会公共事务管理的垄断性供给主体。在较长的时间里，一部分第三部门被完全纳入政府的体系框架内，成为一种行政化的组织单位。为了改变这种状况，多年来，我国政府在法制层面上已采取了一系列的积极措施，出台了一系列的法规制度，如国家层面的《社会团体登记管理条例》《基金会管理办法》、体育管理部门层面的《中华全国体育基金会专项基金管理暂行办法》《体育类民办非企业单位登记审查与管理暂行办法》以及地方性的各种有关

---

① 方俊、李炳楠：《公共参与者：第三部门在政府过程中的角色勘察》，《华南理工大学学报》（社会科学版）2015 年第 6 期。

体育方面的法规制度，如《彩票管理条例》等。特别是《体育发展"十三五"规划》中明确指出，落实《行业协会商会与行政机关脱钩总体方案》，稳步推进全国性体育社会组织改革试点工作，推动各级各类体育社会组织改革。这些法规制度对于保障和规范第三部门的有序发展起到了较大的促进作用。

如果要做好非营利性组织的去行政化改革，要解决好二者在利益、职能和责任三个方面的问题，这是二者构建长效合作关系的基本前提。在利益方面，建立起共同的公共利益至上的服务旨趣和政府对第三部门的利益让与；在职能方面，合理确定各自的行为边界和改革现行行政审批制度；在责任方面，确立责任本位观和建立有效的问责制度。这样就有助于实现政府与第三部门的无缝隙对接合作，促进大众科学健身指导的发展，加快推进健康中国的建设。目前，国家体育总局对于单项体育协会的去行政化改革正在进行中，并且已经取得了初步成效。

第二，参与度还不够。《体育发展"十三五"规划》中明确指出："研究制定体育社会组织改革相关政策，大力引导、培育、扶持体育社团、体育民办非企业单位、体育基金会等体育社会组织发展，创新体育社会组织管理方式。"在政府推进全民健身的过程中，第三部门作为公共行政体制之外的社会力量，是政府部门决策过程的重要参与者，对于公共意见表达和合成、政府过程监督，打造责任政府、透明政府、服务型政府，须臾离不开第三部门作为治理伙伴的支持。但是我们应该看到，在我国，总体上第三部门对政府管理过程的参与度还十分有限。一项面向885家第三部门组织的调查显示，向国家和地方政府部门提出过相关建议的占总数的58.7%，有36.9%的第三部门组织从未提出过建议。在提出过政策建议的第三部门组织中，所提建议在6项及6项以上的不到20%，被采纳的建议在6项以上的不到5%。①

---

① 方俊、李炳楠：《公共参与者、第二部门在政府过程中的角色勘察》，《华内理工大学学报（社会科学版）》2015年第6期。

以上数据可以看出，第三部门在怎么参与、参与质量、参与效用等方面还存在诸多不容回避的问题。这在一定程度上影响了大众科学健身指导的发展。

第三，建立"生产者-消费者"的合作模式。在我国，第三部门的发展明显滞后，主要原因在于第三部门的行政化与政府组织的关系错位等。针对这些问题，政府应从现在的"出钱的老板"角色向购买第三部门的产品和服务的"消费者"角色转变①，两者形成"生产者-消费者"的模式。这种模式的优点在于：①从公共物品的供给效率分析，政府将公共物品供给的权力转交给第三部门是一种资源优化配置，这不仅壮大了第三部门的发展基础，也是政府保持第三部门的独立性，去行政化的发展需要。②第三部门是存在竞争的，本身也比政府灵活，更针对社会的发展需要。③它不同于委托模式，委托模式带有定向性，不能在第三部门中产生竞争，使第三部门提供公共产品的竞争优势丧失，还有可能带来腐败。

目前，国家体育总局已经出台了《国家体育总局购买体育科技服务管理办法》，有关《国家体育总局购买全民健身服务管理办法》的政策正在制定过程中。2014年11月，江苏省体育局、财政局已经联合印发了《江苏省本级向社会组织购买公共体育服务暂行办法》。其中，购买内容包括开展群众体育活动和青少年体育活动，组织运动员、教练员、裁判员和社会体育指导员等培训，国民体质检测与健身指导，体育公益宣传，其他适宜由社会组织承担的公共体育服务事项。购买方式包括定向委托、有限竞争和公开招标等三种形式。购买服务政策的施行，为今后处理好非营利性组织与政府体育部门之间的关系奠定了良好的基础。

（2）非营利性组织与企业组织之间的关系

非营利性组织追求的是一种"使命感"而不是利润，由于在专业工作者周围一般有一批不需要支付报酬的志愿者做支撑，他们愿意和可能免费或以

---

① 伍飞霏：《第三部门与政府部门的关系模式及实践发展》，《学会》2010年第2期。

明显低于市场的价格向一些特殊群体提供个性化的服务。① 此外，非营利性组织与企业组织不同，非营利性组织可以接触更多的人，引进更多的项目，使用更多的公共场所等。虽然在很多地方，非营利性组织与企业组织在全民健身活动指导方面有重合之处，但是，非营利性组织在实际操作运行过程中，由于市场与准市场的界限较难把握，往往容易导致非营利性组织出现越界行为，造成公私不分，影响了大众对政府的公益形象，容易产生不良的后果。这是目前全民健身领域在处理非营利性组织与企业组织之间关系时需要解决的主要问题之一。如某体育产业与健身科学研究中心是一家民间主导成立的体育类民办非企业单位，虽然在注册登记时，按照民政部的要求设立了理事会制度，独立于政府、事业单位存在，但理事会对中心的重大事务决策没有任何发言权，所有决策权都集中在组织发起人手中。而且组织发起人并不认可其发起成立组织的行为实际上是向社会公益事业的捐赠行为，或者并未认识到发起成立体育类民办非企业单位的行为是公益捐赠行为。这就与其成立时的动机——不以营利为目的的公益使命有所背离。② 这在一定程度上扰乱了市场的经营行为，对于以营利为目的的企业的发展带来了不便。

为了处理好非营利性组织与企业组织二者之间的关系，张宏等人提出了全民健身市场网络的概念，比如各类体育消费活动场所是网络生产者，它们为网络消费者提供体育产品（包括全民健身指导）。网络生产者包括公共体育场馆设施、学校企事业单位体育设施以及经营性体育场所，他们之间互相联合，建立松散型的经营联合体，某个场所的会员消费者同时可享受其他场所的会员待遇，以此吸引顾客，共同开拓市场，形成健身网络经营模式。③ 深圳市就形成了以公共体育场馆设施、学校企事业单位体育设施为主，同时吸纳了一部分经营性体育场所为补充的全民健身市场网络，这种建立在市场

---

① 沈先梅：《第三部门参与提供公共产品的内在逻辑和机制》，《宁波广播电视大学学报》2016 年。

② 孙璐：《体育类民办非企业单位的治理研究》，博士论文，北京体育大学，2016 年。

③ 张宏等：《深圳市组建全民健身市场网络的研究》，《广州体育学院学报》2003 年第 1 期。

经济土壤之中，按照市场规律构建、运作，把全民健身市场组织成为一个高效率的、资源优化配置的网络，不仅很好地处理了非营利性组织与企业组织的关系，同时也可以通过市场培育、开拓、发展，把全民健身市场不断做大做强，取得社会效益和经济效益双赢效果。

（3）政府与企业之间的合作关系

《体育发展"十三五"规划》中明确指出：制定体育服务规范和质量标准，提高服务提供、技能培训、人员资质、活动管理等方面标准化水平，推动建立公平开放透明的体育市场规则，完善市场体系。同时还指出：结合行政体制改革，进一步开放体育资源，激发市场活力，不断调动市场主体等的积极性和创造力，向社会提供丰富多彩的体育产品和服务。虽然说市场机制在全民健身活动指导中具有刺激和调节作用。然而，市场机制也会影响现期的全民健身活动指导结构性的市场经营行为，拉大指导体系间或指导内部收益差距，因此，国家宏观调控仍然是必要的。[①] 在全民健身市场指导体系的运行中，要遵循大众生活和体育发展的内在规律，发挥市场机制的积极作用[②]，但是，需要强调的是计划机制仍然存在着发挥作用的空间。社会主义市场经济是"看不见的手"与"看得见的手"共同起作用的经济，是市场机制与计划机制有机结合的经济。对于企业的正常运行，政府的宏观调控作用主要表现在以下几个方面。

第一，政府的宏观调控为企业的运营提供一个良好的环境。良好的外部环境和氛围是经济活动和居民生活的重要条件，也是市场运行机制正常运转的重要基础，企业组织要获得经济利益，需要一个和平的国际环境和安定的国内环境，只有这样，市场才能为大众生活需求层次的提高和体育消费意识的提高提供高质量健身指导产品。[③]

---

① 梁利民、孔祥华：《全民健身市场网络的运行机制研究》，《成都体院学报》2005年。

② 王玫：《新时期我国全民健身产业发展问题的理论研究》，《辽宁教育行政学院学报》2007年。

③ 梁利民、孔祥华：《全民健身市场网络的运行机制研究》，《成都体院学报》2015年。

第二，维持体育市场秩序。政府要通过对体育市场的立法和执法，规范体育市场中网络组织以及各类主体的行为，限制各种不正当的竞争，为全民健身指导活动正常运行创造一个公平竞争的体育市场环境。[①]

第三，通过全民健身发展计划和政策，调节收入分配，促进各网络间的生产持续、稳定和协调的增长。[②]

第四，政府与企业的关系也可以通过购买服务、招标等形式来发展政府与企业间的关系，但是要避免流于形式，这样政府与企业的关系就处于良性循环状态，能够促进全民健身活动指导的健康发展。同时，根据《体育发展"十三五"规划》的要求，政府要加快职能转变，进一步厘清体育行政部门权力边界，减少审批事项，放宽市场准入，进一步健全政府购买体育服务体制机制，完善资金保障、监督管理、绩效评价等配套政策，制定政府购买体育服务指导性目录，把适合由市场和社会承担的体育服务事项，按照法定方式和程序，逐步构建多层次、多方式的体育服务供给与保障体系。[③]

四、完善全民健身活动指导模式

科学健身指导信息化建设。"利用现代信息技术整合全民健身资源、普及科学健身知识、推广科学健身方法、提供健身咨询服务，建立有效的激励机制等方面仍然是短板。"赵勇同志在 2018 年全国群众体育工作电视电话会议上的讲话中指出：大数据、互联网、人工智能的发展，为全民健身工作带来了机遇，健身指导、大健康管理、共享健身网等很多问题都可以通过现代科技来解决，可以通过微信、微博、微视频、客户端等新的科技来引导。智能手机的普及、智能化场馆的建设、共享健身仓的面世等为信息化、智能化科学健身指导提供了可能。

目前，微信、微博、微视频等在场馆教练的预约、体育社交活动中的普

---

① 梁利民、孔祥华：《全民健身市场网络的运行机制研究》，《成都体院学报》2015 年。
② 梁利民、孔祥华：《全民健身市场网络的运行机制研究》，《成都体院学报》2015 年。
③ 左思琪：《体育社会组织的现代化治理探析》，《科技创业月刊》2016 年第 14 期。

及，智能可穿戴设备、智能健康监测仪器等在兴趣体育活动、马拉松等路跑赛事中的应用等，改变了传统的教授方法，促进了科学健身信息化、智能化的发展，为科学健身指导提供了质的改变。信息化、智能化的时代是群众体育发展的突破口，将会引领群众体育新的发展方向。加强科学健身指导信息化建设势在必行，科学健身指导服务平台为科学健身指导构建先进的信息通道提供了可能。

科学健身指导服务平台建设。目前，我国的全民健身活动以各种方式在全国各地广泛地开展起来，如 2016 年深圳市外来工文体节广场舞大赛，2018 年"党报读者杯"科学健身大赛等，这些活动活跃大众体育文化生活，提高大众健身意识，引导大众积极参与到全民健身活动中来，具有良好的社会效益。但是，在科学健身指导方面，我国还缺乏一个从上到下，纵横交错的系统指导、统筹协调广大人民群众科学健身的网络服务平台。我们有完善的体育组织体系，也有较为全面的国民体质监测网络，如何把国民体质监测网络与社会的健身指导资源有效地结合和调动起来，为广大人民群众提供科学健身指导服务，这需要多方行动、统筹安排。

全国科学健身指导服务平台建设是一项长期工程，但是通过借助现有的国民体质监测网络体系，整合各方面的健身资源，可以加快建设融多种功能于一体，范围广，内容全，覆盖全国的科学健身指导服务平台。这不仅能有效地利用和调动国民体质监测网络的组织资源，而且也能为科学健身指导提供必要的组织机构保证。

全民健身科技创新平台建设。目前，在全国各地的基层国民体质监测站点中，在为广大人民群众提供体质检测服务后，最终为被检测人员提供一份运动处方。但是，这种运动处方内容简单，方法雷同，科学性差，缺乏针对性，严重地影响了科学健身指导的效果。

创新是发展的动力，也是生命力，同样，科学健身指导需要有创新的平台和创新的机制。目前国家体育总局相关部门正在开发全民健身活动知识库和运动处方库。知识库的作用是将国内外各种有关全民健身科技创新成果分门别类整理、收集在一起，为大众提供服务。可以说，知识库是运动处方库的基础和知识输送者。运动处方库的作用是根据被检测人员的体质状况，通过筛选机制，为每一个个体提供相对应的运动处方，以保证运动处方结果的科学性。同时，国家体育总局已拨出专项资金开展运动处方医生的培训，由香港赛马协会赞助开展运动处方师的培训，这些措施为正确合理使用运动处方，在机制上为知识库和运动处方库的良好运行提供了有力保障。作为创新平台的全民健身活动知识库和运动处方库是为大众提供吸收科学健身知识和方法的重要源泉，不仅能够为大众提供科学的健身指导，满足大众不同层次人群的需求，也顺应了社会的发展需要。

第五章　全民健身活动指导体系的运行机制

全民健身活动指导体系运行机制是指国家运用行政的、法律的或社会的等手段对全民健身活动指导体系的运行过程进行调节和控制的方式。全民健身是体育的重要部分，它与社会发展息息相关，它依托社会的发展而发展，社会的分化、社会的变革，促进社会的不断发展，也促进了全民健身的不断发展。

全民健身活动指导体系运行机制是需要有管理体制作为前提和基础的。体育管理体制，既可以从静态方面规定全民健身活动指导权力分配的制度安排和组织安排，也可以从动态方面规范全民健身活动指导提供主体的管理行为，从而使主体与下行组织之间形成良好的循环机制。全民健身活动指导体系能否适应当前社会发展的需要，关键在于该管理体制的改革能否成功，即是否具有内在发展动力和活力。而运行机制正是决定这种动力和活力程度的根本因素和关键所在。运行机制指的是一种稳定的、带有规律性的运作模式。[①] 只有建立一种科学的、规范的运行机制，体育管理体制的功能才能够得到优化和实现。

机制与构成要素的关系是整体与部分的关系，整体制约部分，部分组成

---

① 罗旭：《我国全民健身服务体系的理论构建与运行机制研究》，博士学业论文，北京体育大学，2006年，第124页。

整体。它们之间是相互依存、共同作用的关系。一方面，机制独特的性质与方式制约和决定着构成要素的性质与功能；另一方面，要素又是机制构成和运作的基础，构成要素的变化也必然影响机制的运行和变化[①]。全民健身活动指导体系运行机制主要是由目标机制、保障机制、协调机制、激励机制和反馈机制等构成的动态体系。

从全民健身活动指导体系运行的过程来看，至少需要对这五种机制进行深入研究。这些机制依照特定的逻辑关系相互联结，又相互区别，在全民健身活动指导体系运行过程中起着不可或缺的重要作用。

目标机制是全民健身活动指导体系运行的导向，具有凝聚、辐射、规范等功能，主要涉及规范全民健身活动指导体系的根本性质、宗旨及其运行过程中的努力方向和价值导向。它贯穿于整个全民健身活动指导体系运行的过程，并对其他机制起着规范和引导的作用[②]。保障机制的作用主要在于保证全民健身活动指导体系的目标最终实现。保障机制是全民健身活动指导体系运行的基础，也是必要的条件。只有保障机制具备完善的条件，才能保障全民健身活动指导体系其他机制正常的运行，发挥其应有的作用。在此基础上，全民健身活动指导体系在运行过程中，由于受体制、利益、环境等因素的影响，会出现各种各样的问题和矛盾，影响体系的运行效能，这就需要协调机制进行协同和沟通，协调各方面的关系。同时，由于全民健身活动指导体系的主体是由具体的人来操作运行，这就需要通过建立激励机制，通过奖励等多种方式来满足有关人员和部门的正当利益和权益，以充分调动和发挥其主动性、积极性和创造性，使全民健身活动指导体系高效地运行。由于奖励机制的介入，不排除会因为利益问题而产生新的问题和矛盾，从而发生偏离设计轨道的倾向和可能性，这就需要通过反馈机制对全民健身活动指导体

---

① 罗旭：《我国全民健身服务体系的理论构建与运行机制研究》，博士学业论文，北京体育大学，200 年，第 87 页。

② 罗旭：《我国全民健身服务体系的理论构建与运行机制研究》，博士学业论文，北京体育大学，200 年，第 88 页。

系正常的运行进行评估、反馈和控制，保证全民健身活动指导体系正常地运行。以上五种机制相互联系，又相对独立，共同作用于系统的总体运行目标。

第一节　目标机制

1968 年，美国马里兰大学的管理学和心理学教授洛克提出了目标设置理论，该理论的前提假设是人类的活动是有目的的，它受有意识的目标的引导。目标是人们行为的预期结果，也是最终的目的，是人们预先规定和设计合于自己或组织需要的"诱因"，是一种有形的激励，也是一种可以测量的成功标准。设置目标就是一种强有力的激励和鞭策，是完成工作任务的最直接的动机，也是提高人们激励水平的重要过程。在此基础上，现代管理大师彼得·德鲁克提出了目标管理理论，该理论强调组织群体共同参与指定具体的可行的能够客观衡量的目标。

全民健身活动指导体系作为全民健身服务体系的子体系，其目标机制主要涉及全民健身服务体系的根本性质、宗旨及其运行过程中的努力方向和价值导向。[1] 全民健身活动指导体系的目标机制既是运行机制的依据和出发点，也是所要达到最终的预期点，贯穿于运行机制建构的全过程，并决定着结构体系的运行方向。目标机制包括三部分：一是制定切合实际、科学合理的目标；二是出台易于操作、便于执行的目标举措；三是进行全面准确、客观公正的目标考核。三方面有机统一，其本质和核心是如何调动和发挥人的积极性、主动性和创造性。[2]

据表 5-1，从 1995 年颁布的《体育法》《全民健身计划纲要》到 2016

---

[1] 罗旭：《我国全民健身服务体系的理论构建与运行机制研究》，博士学业论文，北京体育大学，200 年，第 88 页。

[2] 何柏林等：《建立健全目标机制 推进创先争优长效化》，《安徽行政学院学报》2012 年第 4 期。

年颁布的《全民健身计划（2016—2020）》《"健康中国2030"规划纲要》，再到2019年颁布的《体育强国建设纲要》等一系列与全民健身体系相关的重要文件，已经说明我国制定的全民健身的发展目标是科学合理、切合实际的，也说明了我国的全民健身计划的连续性和可操作性。同时，也使我国全民健身活动在开展的过程中，法律上有了保障，行动上有了方向。在这一系列文件中提到的建设和完善全民健身公共服务体系，更使得我国全民健身活动指导体系的目标机制能够在实践中不断深化，在理论上进一步升华。

表5-1 全民健身体系目标

时间	阶段划分	目标内容
1995年	《体育法》	
1995年	《全民健身计划纲要》	提出到2010年的总体发展目标：全面提高中华民族的体质与健康水平，基本建成具有中国特色的全民健身体系
2009年	《全民健身条例》	县级以上人民政府体育主管部门应当在全民健身日组织开展免费健身指导服务。 单项体育协会应当对全民健身活动给予指导和支持。 鼓励全民健身活动站点、体育俱乐部等群众性体育组织开展全民健身活动，宣传科学健身知识。 国家加强社会体育指导人员队伍建设，对全民健身活动进行科学指导
2011年	《全民健身计划（2011—2015）》	逐步完善符合国情、比较完整、覆盖城乡、可持续的全民健身公共服务体系。 全民健身指导和志愿服务队伍进一步发展。 科学健身指导服务不断完善
2014年	《关于加快发展体育产业 促进体育消费的若干意见》	首次提出将全民健身上升为国家战略，把全民健身事业推向了更高的平台
2016年	《全民健身计划（2016—2020）》	支撑国家发展目标、与全面建成小康社会相适应的全民健身公共服务体系日趋完善，政府主导、部门协同、全社会共同参与的全民健身事业发展格局更加明晰
2016年	《"健康中国2030"规划纲要》	提高全民身体素质，丰富和完善全民健身公共服务体系

时间	阶段划分	目标内容
2019 年	《体育强国建设纲要》	到 2020 年，建立与全面建成小康社会相适应的体育发展新机制，体育领域创新发展取得新成果，全民族身体素养和健康水平持续提高，公共体育服务体系初步建立，竞技体育综合实力进一步增强，体育产业在实现高质量发展上取得新进展。 到 2035 年，形成政府主导有力、社会规范有序、市场充满活力、人民积极参与、社会组织健康发展、公共服务完善、与基本实现现代化相适应的体育发展新格局，体育治理体系和治理能力实现现代化。 到 2050 年，全面建成社会主义现代化体育强国。人民身体素养和健康水平、体育综合实力和国际影响力居于世界前列，体育成为中华民族伟大复兴的标志性事业。

据国家体育总局 2013 年《全民健身条例》和《全民健身计划（2011—2015）》贯彻落实情况专题调研报告显示：

体育社会组织基本情况。截至 2011 年底，在民政部门登记注册的体育社会组织中，体育类社团 13534 个，体育类民办非企业社团 5.3 万个，团体会员 21.3 万个，个人会员 866.5 万人。全国已有 24 个省（自治区、直辖市）成立了省级社会体育指导员协会，比例为 77.4%，成立地市级社体育指导员协会数量占本地区地市数量 50%以上有 14 个省（自治区、直辖市），其中 80%以上的有 8 个省（自治区、直辖市）。

2011—2013 年间公共体育设施建设情况。①截至 2013 年，全国共建成农民体育健身工程 428868 个，达全国行政村数的 68%。②2011 年全国共建设乡镇体育健身工程 3704 个，2012 年 4175 个，2013 年 5172 个。③全民健身活动中心（含雪炭工程），2011 年全国共建设健身中心 903 个，2012 年 656 个，2013 年 1171 个。④室外健身器材，2011 年增加 325565 件，2012 年增加 383987 件，2013 年增加 661358 件。⑤社区多功能运动场，2011 年全国共建设多功能运动场 4681 个，2012 年 6711 个，2013 年 7592 个。⑥体育公园、健身广场、户外营地、健身步道等户外健身场地，2011 年建设 10186

个，2012 年 11977 个，2013 年 12791 个。

从以上一系列数据来看，目标机制在落实《全民健身条例》和《全民健身计划（2011—2015）》的过程中起到了很大的作用，保证了计划的正常推进和最终目标的完成。

另外，国家体育总局 2018 年公布的《全民健身指南》和《科学健身 18 法》，以及 2018 年全国群众体育工作会议上提出的建设一批社区健身中心，建设一批群众体育的业余俱乐部，建设一批共享健身的服务平台等建设 10 个"一批"，都是具体贯彻和落实《全民健身计划（2016—2020）》的具体举措，也是目标机制发挥作用的结果。

但是，目前我国的全民健身的目标机制并不健全，还缺乏全面准确、客观公正的全民健身目标考核。虽然《全民健身计划（2011—2015）》提出了加强成效评估，但是并没有具体的考核指标和考核标准，直到《全民健身计划（2016—2020）》才提出了建立全民健身评价体系。下一步需要出台全国全民健身公共服务体系建设指导标准，鼓励各地结合实际制定全民健身公共服务体系建设地方标准，注重发挥各类媒体的监督作用。

从前面的统计方式来看，我国全民健身采取的是"粗放式管理"方式，要把《全民健身条例》和《全民健身计划（2016—2020）》中提出的与全民健身活动指导体系有关的目标真正落到实处，就要改变现行的计划目标笼统、以定量为标准、缺乏科学评价手段的管理方式，实行精细化管理。对于全民健身活动指导体系，通过制定各项全民健身活动指导体系的硬指标、软指标、活指标，包括经费投入在 GDP 中所占比重，体育彩票公益金中用于全民健身的比例，实行指标和目标管理，建立全民健身活动指导体系的科学考核机制，完善全民健身活动指导体系的目标机制，使我国的全民健身活动指导体系的运行机制健康、有效地开展起来，实现科学健身，人人健康的目标。①

———————————

① 栾开封：《〈全民健身条例〉试解读》，《体育文化导刊》2011 年第 1 期。

第二节　保障机制

保障机制是全民健身活动指导体系运行的基础，也是必要条件。保障条件是否全面和完善关系保障机制能否起到良好的效果，也关系全民健身活动指导体系能否有效畅通地运行。保障机制的作用主要在于保证全民健身活动指导目标的最终实现。全民健身活动指导体系需要保障的环节主要是政策、法规和对人、财、物等方面的保障[①]。

《全民健身计划（2016—2020）》（以下简称《计划》）已经明确提出：完善法律政策保障，加大资金投入与保障，加强全民健身人才队伍建设。法律政策保障方面的内容主要有公民的体育健身权利、健身消费、全民健身中的纠纷预防与化解工作、体育场地设施用地以及创新开发与全民健身相关的保险产品等。资金投入方面提出的保障措施有县级以上地方人民政府应当将全民健身工作相关经费纳入财政预算，安排一定比例的彩票公益金等财政资金投资建设体育场地设施，完善中央转移支付方式，以及引导公众和社会力量对全民健身事业进行捐赠等。在全民健身人才队伍建设方面，努力培养适应全民健身发展需要的组织、管理、健康指导、研究、宣传推广、志愿服务等方面的人才队伍。只要《计划》中提出的人、财、物和政策能够得到全面地贯彻和落实，全民健身活动指导体系就一定能够健康、畅通、有效地开展起来。

但是本书的调查数据显示，全民健身活动指导体系的保障机制在人、财、物和政策方面，还不同程度地存在这样或那样的问题。

一是法律法规有待进一步细化。在问卷的法律法规这一部分中（见表2-62），社会体育指导员培训与管理制度、体育场地设施管理制度、社会团体

---

① 程轶：《呼和浩特市城市社区体育现状及运行机制的调查研究》，硕士学位论文，内蒙古师范大学，2013年，第31—32页。

管理制度、国民体质监测制度、群众体育工作制度、经费使用与管理制度各地普及程度较高，有70%以上的地区拥有这些政策。不健全、应补充的法规有国家体育锻炼标准制度、群众体育检查评比制度、社会体育督导制度。这说明在具体的活动开展中，现有的法律法规不足以提供确实有效的保障，这有两部分的原因：①当前的法律法规不够仔细，需要进一步细化相关条款以适应现实环境。②我们现有的法律法规相对全民健身活动各方面不够完善，需要进一步补充。

二是全民健身场地设施不足。良好的健身环境和高质量的健身场地设施是所有运动项目的共同需求。随着我国经济的快速发展，各地方政府在体育设施方面的投入在不断地加大，健身场地和设施也在不断地完善。但是现阶段健身场地设施不足的问题还比较突出，从表5-2、表5-3中可以看出，有72.9%的管理人员认为场地器材是参加健身活动必须具备的条件，有89.8%的群众希望在健身环境方面获得服务，对高质量的健身场地与设施的需求比例也达到了58.8%，从需求层面反映了我国体育基础硬件设施的缺乏，场地设施依旧是一个亟待解决的问题，健身场地设施分配不均是潜在的主要原因。

表5-2 参加健身活动必须具备的条件

条件	N	百分比（%）
时间	3242	90.70
场地器材	2605	72.90
同伴	1537	43.00
经费	1109	31.00
指导	1078	30.20
克服懒惰	955	26.70
无须特别条件	192	5.40
其他	7	0.20

表 5-3　在健身活动时希望获得的服务内容

服务内容	N	百分比（%）
良好的健身环境	3118	89.80
高质量的健身场地与设施	2042	58.80
有组织的健身氛围	1577	45.40
配套的休闲娱乐设施	1511	43.50
高水平的健身指导	1404	40.40
配套的保健康复设施	579	16.70
合理收费	185	5.30
其他	3	0.10

三是经费少，且来源单一。从表 5-4 中可以看出，体育彩票公益金、政府拨款、体育行政部门拨款占总经费的 85.7%，其中体育彩票公益金的比例最多，达到了 39.6%，体育彩票公益金、政府拨款、体育行政部门拨款与街道、居委会或村委会拨款在部分地区是 100% 的群众体育活动资金来源，可见全民健身活动中经费基本上来自政府的拨款。这样固化的经济来源会导致以下两个主要问题。①经费不足以支持全民健身活动。全民健身活动是覆盖面很广的体育活动，其参与人数变动性很大，且当人数越多时，说明该场活动举办得越成功，这样固化的经费来源往往不足以支持这种活动。②全民健身的消费市场没有激活。在全民健身活动中，市场的作用往往会被忽视，少了市场资金的注入，市场产品对于全民健身活动的投入热情相对地也不会高，无法有效地刺激普通群众的购买热情，进一步降低了市场对于全民健身活动的热情。长此以往，体育健身的消费市场就成为"一潭死水"，市场资金也很难注入全民健身活动中去。因此，适当增加其他社会资金的投入比例，是解决现阶段资金不足的主要办法之一。

表 5-4　群众体育活动资金来源

	N	百分比（%）
体育彩票公益金	92	39.6
政府拨款	88	33.8
体育行政部门拨款	63	12.3
街道、居委会或村委会拨款	9	1.3
企业赞助	71	7.4
社会团体拨款	11	0.9
单位或部门创收	13	1.0
公会部门拨款	25	1.7
个人投资	7	0.5
私人资助	23	1.5

　　四是指导人员专业性水平有待提高。选择"缺乏合格社会体育指导员"和"缺乏合格体育志愿者"作为目前主要问题的管理人员分别达到45.0%和19.4%，这说明现在的指导员与志愿者专业性不强，有待进一步提高，这也反映了我们全民健身活动中指导员培训机制的不足。对于社会体育指导员和志愿者培训的最佳方式这一问题，选择国家培训、义务服务和国家培训、有偿服务总占比为66.4%，国家培训目前是培训的最佳模式。但是这种模式难以激发社会自主力量，也容易让指导员或志愿者们形成依赖思想，从而导致政府管理模式越来越固化。从居民的需求来看，对于高水平的健身指导需求占到了40.4%，从另一个角度反映了目前指导人员专业水平不高。

第三节　协调机制

　　全民健身活动指导体系的协调机制，是指各参与组织或个体在全民健身活动指导体系运行过程中，遇到矛盾和问题能够进行自我调节，并通过各方共同努力、相互合作进行处置的组织活动过程。根据组织系统论的观点，全民健身活动指导体系作为一个相互联系、相互制约的庞大社会工程系统，由诸多要素构成，相互之间难免出现影响系统正常运行的各种因素，要想降低或克服系统内部各因素间的功能损耗，实现全民健身活动指导系统整体功能的优化，建立和谐、相互依赖、相互配合的关系，就必须依赖沟通、进行协调的有效机制。可以说，协调机制是关系全民健身活动指导体系能否顺畅开展和良性发展的必备条件之一。[①]

协调过程就是为组织系统的正常运转创造良好的条件和环境，正确处理组织系统内外各种关系，促进组织系统实现目标的过程。根据法约尔的管理理论，协调即是为实现组织的最终目标，调动所有可以联合的力量，让整个组织体系的一切工作都能够和谐运行，相互配合。全民健身活动指导体系虽然是全民健身体系的一个分支，但是同样也有公益性的政府组织、非公益性的社会团体和以营利为目的的企业参与其中。目前，我国的政府体育管理体制分为两种，一种是专门体育组织，另一种是非专门体育组织，而全民健身活动主要是通过三条渠道进行垂直管理。组织指导运作体系分为中央，省（自治区、直辖市），市（区、县），街道（乡镇）五个层次。全民健身活动指导体系的运行处于这些不同层次与类别的系统和组织中，而且还接受它们从不同的角度、用不同的方法进行的管理和影响。全民健身活动指导体系的运行，需要从两个方面进行协调。

第一是体育系统内部的协调，包括体育院校及综合性大学体育院系。例如由财政部支持，国家体育总局主办，中国体育报社承办的"全民科学健身大讲堂"；由国家体育总局体育科学研究所、国家国民体质监测中心主办的"科学健身 全民健康"全国运动健身科学指导系列活动和国民体质检测车万里行活动；全国社会体育指导员交流展示大赛；广东省第五届社会体育指导

---

① 罗旭：《我国全民健身服务体系的理论构建与运行机制研究》，博士学业论文，北京体育大学，200 年，第 100 页。

员健身技能展示大赛等活动，需要国家体育总局、省体育局以及市区县的体育部门在资金配置、人才配置、设施配置和信息配置等的协调与配合，才能保证活动顺利开展。

第二是政府专门体育组织和政府非专门体育组织、企事业单位之间的协调。全民健身活动并不是体育部门的"独家专利"，需要政府相关部门之间的相互协调与配合。为贯彻落实《全民健身条例》和全民健身计划，加强对全民健身工作的宏观指导和统筹协调，国务院已于2016年底批复建立了全民健身工作部际联席会议制度，联席会议由国家体育总局、国务院办公厅、中宣部等29个部门组成，办公室设在国家体育总局。该工作机制的设立，作用在于协调有关部门和单位抓好全民健身计划相关任务措施的落实，推动完善政府主导、部门协同、全社会共同参与的全民健身事业发展格局等（图5-1、图5-2）。

为此，有的省市成立了主管省长为主任，省委、省政府多个部门组成的"全民健身工作委员会"，同时全省各地市、县（区）也成立了由主管领导负责的"全民健身工作领导小组"，街道办事处、乡镇政府、城市社区和村民委员会也建立了全民健身组织，行业体协和企事业单位都建立了全民健身领导机构。形成了以各级全民健身组织为龙头，以城市社区、农村乡镇、企事业单位、各级各类学校为触角的各级层层直接纵向管理和横向沟通协调的运行机制。①

根据本书调查的数据显示，由于全民健身活动覆盖面极广，涉及方方面面，在每次举办全民健身活动时，既要考虑活动的专业性及其效果，还要考虑活动的安全以及管理，因此，管理人员需要与各相关部门进行沟通与协调。一般情况下，协调体育协会（89.9%）和工会（76%）主要是为了活动的专业性与管理性考虑；协调公安部门（5%）和乡镇单位（2.5%）主要是

---

① 仓江、张丽彦：《辽宁省大众体育管理体制及运行机制的特色》，《武汉体育学院学报》2005年第7期。

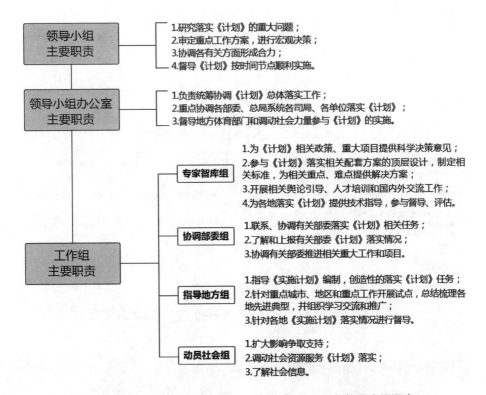

图 5-1　《全民健身计划（2016—2020）》的组织架构及主要职责

为了活动的安全性考虑；协调教育部门（2%）是因为青少年基本上都是在校学生，青少年如果要参与全民健身活动，教育部门是必须需要协调的公共部门之一。

目前，我国的全民健身活动指导体系的协调机制已经基本建立起来，但是在具体执行过程中还存在各种各样的问题，如基层的政府专门体育组织与政府非专门体育组织之间还存在手续烦琐复杂、职责不明、协调不通畅等问题；不同职能部门、企业和非营利性组织之间的合作与协调没有细化和明确，没有普遍建立有效的运行模式去推广和开展。为了使我国的全民健身活动指导体系的协调机制更好地运行和发展，可以在我国现行的国民体质监测体系为主体的基础上，构建科学健身指导的不同合作运行模式，促进我国健

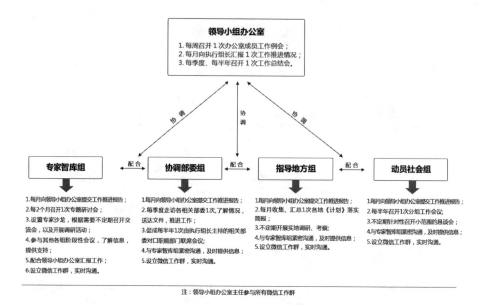

图5-2　《全民健身计划（2016—2020）》工作组运行模式

身科学指导活动广泛开展起来。

第四节　激励机制

　　激励机制是使全民健身工作处于最佳运行状态的基本程序和手段。全民健身活动指导体系的激励机制主要涉及对服务于全民健身活动指导体系的个体和集体给予和满足其合理的利益需求，以充分调动他们的主动性、积极性和创造性，圆满地完成体系的目标任务。在某种程度上，激励机制也可以称作动力机制，是使全民健身活动指导体系运行主体的需要与体系的运行目标相一致，从而产生"共振"，以达到增进效果的一种方法。

　　目标具有指向性，能够引导与目标有关的行为，使人们根据难度的大小来调整努力的程度和方向，并且还能影响行为的持久性。目标本身就具有激励作用，它能把人们的需要转化为动机，朝着一定的方向努力，通过对照自己的行为结果与既定目标，及时进行修正与调整，最终实现目标。全民健身活动指导体系激励机制运行的关键，是要使运行主体的要求与运行的目的相一致。激励机制的建立与运行的好坏，关系能否有效调动各方面的积极性，关系体系目标任务的完成与实现，因此激励机制是影响和评定体育行政机构管理能力高低的重要因素之一。①

早在《全民健身计划（2011—2015）》中就明确提出了创新全民健身激励机制，提出"搭建更加适应时代发展需要的全民健身激励平台""拓展激励范围""建立多渠道、市场化的全民健身激励机制"。目前，我国的全民健身活动指导体系的激励机制已基本建立。有宏观和微观之分，宏观是政府激励机制，微观是各群众体育组织的内部激励机制。宏观的政府激励机制主要有集体和个人两种形式（见表5-5）；微观的各群众体育组织（包括营利性和非营利性）的内部激励机制也有多种形式，如先进个人、先进班组以及物质奖励等。

表5-5　全民健身活动指导体系政府激励机制

顺序	集体称号	个人称号
1	全国群众体育先进单位	全国群众体育先进个人
2	全国体育大会体育道德风尚奖	
3	全国优秀全民健身中心	全国优秀社会体育指导员
4	全国优秀体育公园	
5	全国优秀体育活动站（点）	
6	全国优秀青少年体育俱乐部	
7	全民健身好家庭	
8	国家级体育传统项目学校命名表彰	
9	全国中小学生课外文体活动工程示范区	

---

① 罗旭：《我国全民健身服务体系的理论构建与运行机制研究》，博士学业论文，北京体育大学，200 年，第101页。

续表

顺序	集体称号	个人称号
10	全国体育先进县评选	
11	国家全民健身示范基地	
12	国家体育休闲示范区	
13	全民健身活动优秀组织奖	
14	全民健身活动先进单位	
15	国民体质监测工作先进单位	国民体质监测工作先进个人
16	国民体质监测工作优秀组织奖	
17	全国城市体育先进社区	
18	全民健身示范城市（区）	

对于宏观的政府激励机制，除以上列举的内容以外，还有其他表彰形式，如"致优秀运动员全民健身志愿者的感谢信""关于健身气功中心荣获国际奥委会群众体育发展与促进奖的通报""全民健身好新闻""全民健身工作典型经验交流发言"等。但是，政府激励机制对于个人的形式还是比较单一，重视程度不够，也不全面，需要进一步的丰富和完善。在英国，志愿者服务在体育赛事和体育活动中扮演着一个特别的角色，政府在肯定志愿者做出重要贡献的同时，也强调应该给予他们相应的价值回报。如在当地俱乐部、其他团体及社区中为他们提供合适的岗位或帮助他们应聘有偿工作；提高职业所需要的技能；提供奖励机制，包括为他们提供参加重大活动的"金牌门票"的机会等。这对于志愿者们来说也是一种价值的认同和肯定。为此，英国政府拨专款支持和扶持像 NGBS 这种志愿者服务机构，将志愿者们"自己获得的利益"和"促进他人参与体育活动的能力"相结合，使每个人在"身体健康""精神健康""个人发展""社会和社区发展""经济发展"中都能有价值体现。

国民体质检测是政府免费为广大人民群众提供科学健身指导服务的一项

公益活动。根据本书的调查显示（见表5-6），从未参加过检测的占 46.9%，这不仅浪费了公共资源，老百姓也没有得到具体的实惠。除其他因素外，没有一套健全的激励机制，调动大家的积极性，让大众主动参加体质检测也是主要因素之一。

表 5-6　调查对象参加体质测量和评定现状

	N	百分比（%）
从未参加	1479	31.7
曾经参加过	1349	28.9
每年一次以上	1129	24.2
从未参加，但准备参加	709	15.2

在宏观的政府激励机制方面，应建立奖励基金，实行奖勤罚懒制度，改变全民健身干好干坏一个样的传统局面，激励多劳多得，以此调动政府部门和整个社会的积极性、主动性和创造性。在各群众体育组织的内部激励机制方面，可以实施薪酬激励、培训激励和合理的授权激励，充分调动员工的积极性，提高执行力；也可以对被指导的群众进行物质奖励，调动全民参与热情，进一步推动全民健身活动走向常态化。

第五节　反馈机制

任何一个系统要想处于优化的运行状态，就必须置于正常的监督和管理之下，通过评估、反馈机制进行调控，才能使其结果达到预定的目的。因此，评估、反馈机制自然成为全民健身活动指导体系运行机制中的重要组成部分。

《全民健身计划（2016—2020）》中明确提出：建立全民健身评价体系，多层级、多主体、多方位的方式对全民健身发展水平进行立体评估。根据法约尔的管理理论，依据所制定的方案、规定的原则检查整个体系的各项工作是否与之相符，目的在于及时修正工作中出现的问题和错误，避免重犯。为了丰富和完善全民健身体系，使全民健身活动指导体系健康、有效地运行，建议引入360度绩效评估反馈机制。

360度绩效评估反馈，是指在一个组织中通过所有了解和熟悉被评价者的人，即由同事、上级、下级、顾客以及其他部门人员作为评价者来评价员工绩效，然后对来自多方位的信息进行综合分析和判断，形成最终评价结果。360度绩效评价主要内容包括以下几个方面：

第一，上级评估。上级主管执行绩效评估工作，要求主管熟悉掌握评估方法，并能够运用绩效评估结果作为指导和发展下级潜在能力。

第二，自我评估。被评估者对自我的工作表现进行反省和评价，其内容一般包括工作总结、经验教训和自我考评等。自我评估结果反馈可以和其他反馈结果进行比较研究，这样能够更好地帮助找出存在的差异，从而提出更好的工作建议，提高工作效率。

第三，同级评估。同级评估就是被评估者所在组织的其他人员或处于相同层次并与其有经常联系的人员进行的评估。

第四，下级评估。由直属下级对上级工作进行绩效评估。

第五，顾客评估。就是请那些与组织有利益关系或是组织服务接收者对组织的工作绩效评估。第三方组织也可以称为顾客评估的一种形式，他们由组织外成员组成，大多都是该领域专家学者，由于具有较高的独立性，评估结果能够较为客观。

引入360度绩效评估反馈具有重要的现实意义。一是能够推动实现国民体质监测和科学健身指导评估主体多元化。通过引入360绩效评估反馈制度，建立多重评估体制，可以推动实现绩效评估主体的多元化，能够充分发挥自上而下、自下而上、由里到外、由外到里的全方位的评估优势。而自下而上的评估可以发挥服务对象作为评估主体的作用，把服务质量作为评估重要的价值取向，很好地体现顾客满意度的取向，下级的评估还可以很好地起到监督和约束上级领导的作用。同级评估有利于不同省市之间对于国民体质监测和科学健身指导工作开展的相互学习和借鉴。360 度绩效评估充分将社会公众、第三方评估机构加入评估的工作中，把各级部门、广大人民群众以及外部第三方的积极性充分调动起来，实现国民体质监测和科学健身指导工作绩效评估的主体多元化、多维度，从而真正意义上保障绩效评估的全面和客观。

二是能够强化责任观念。目前国民体质监测和科学健身指导工作的绩效评估大多数是部门机构内部的评估，忽视了外部的公众参与评估。通过 360 度绩效评估反馈把国民体质监测和科学健身指导的直接受众加入评估主体，通过外部公众或是第三方机构的参与，帮助体育行政部门提供客户满意的服务，提高工作和服务质量。这种监督和约束力能够使得体育行政部门提高责任意识，把广大人民群众的意识和需求真正地放在心上，强化行政部门责任观念，提高管理效率，完善绩效评估。

三是实现公众参与评估，推动第三方评估发展。目前，各级政府行政部门逐渐开始了以顾客导向服务社会公众，逐渐采取社会公众参与政府部门绩效评估的方式，强调群众利益重要性，建设新型公共服务。公众、第三方参与到评估主体，可以减少信息不对称的情况，表达公众对政府行为和服务的满意度，也利于政府了解公众的真实需求，公民参与也能为政府绩效评估提供较为公平、客观的条件。制定群众或是第三方参与评估制度，保障群众参与评估的深度和宽度，增强群众参与的规范性和有效性，有利于形成公开、透明的评估模式，保障政府绩效评估在有序、良好的环境中进行。

以多元化为前提，确立评估反馈的维度和主体。评估维度有三个。①国民体质监测和科学健身指导工作监督管理。主要通过相关政府部门、组织机构、市场及其他社会组织或个人对国民体质监测和科学健身指导的服务质量、效率、公平性等共同进行监督管理。②绩效评价。主要包括评价主体、评价内容、评价方法，是国民体质监测和科学健身指导评估主体按照一定的政策和使用一定的评估技术方法对国民体质监测和科学健身指导的开展情况、社会参与、政府重视程度、服务质量、效率、公平性、满意度等方面的评估。③国民体质监测和科学健身指导信息反馈。一是开展专项调查和测评考核。通过开展问卷调查、座谈讨论等形式，收集了解人民群众对国民体质监测和科学健身指导工作的意见建议。二是运用信息新技术、新手段收集反馈信息，如发布公益广告、QQ群、搭建短信平台、设立官方微信、微博等。设立国民体质监测工作服务电话，受理人民群众的投诉举报。

评估反馈的主体共有五个。①体育行政部门。政府部门掌握大量行政资源，了解国民体质监测和科学健身指导运作机制。只要设计合理的指标，政府部门对于内部的评估具有独特优势。②广大人民群众。包括国民体质监测和科学健身指导的对象和社会公众。可以采用问卷调查、新媒体等方式了解国民体质监测和科学健身指导工作质量。③各省市国民体质监测机构。通过各省市国民体质监测机构之间的相互评估，有利于不同省市之间对于国民体质监测和科学健身指导工作开展相互学习和借鉴。④社会组织。社会组织包括行业性、部门性评估机构，如高校研究评估机构等。政府部门可以邀请第三方组织开展入户调查、进行数据分析等，对国民体质监测和科学健身指导工作情况进行评估，提出意见建议。⑤新媒体环境。新媒体作为社会公器，有责任对国民体质监测和科学健身指导相关机构进行监督，彰显民意。

评估指标应包括四个核心指标。①国民体质监测和科学健身指导工作规划投入，包括有关经费投入、政策法规制定等。②国民体质监测和科学健身指导组织管理与支撑，包括各级组织机构建设与管理、人才培养与人员配备等。③国民体质监测和科学健身指导基础设施网络，包括检测器材配备、网络平台系统建设等。④国民体质监测和科学健身指导服务评估，包括服务规模、社会反馈、服务效果等。

建立和完善评估反馈结果应用机制。首先，以绩效奖惩实现监督和激励。目前，国民体质监测和科学健身指导体系中已建立相应的奖惩机制。其次，对评估结果进行分析发现问题，制定加强和改进措施，为广大群众提供更贴近实际、更符合需求的国民体质监测和科学健身指导服务。要注重创新国民体质监测和科学健身指导供给手段，针对各省（自治区、直辖市）情况，立足基层特别是农村的具体实际，积极探索多样化的体质监测和科学健身指导方式。政府管理部门应针对体质监测、测定和科学健身指导工作的地区间不平衡现状，制定有区别的发展战略。对经济相对落后，政府财政实力较弱，监测机构软硬件条件较差的省（自治区、直辖市），上级政府应在财力、物力投入和政策保障上给予重点倾斜。最后，形成长期有效的动态反馈系统。借助国民体质监测和科学健身指导网络平台系统，通过定期或不定期的评估结果的动态比较和跟踪，形成及时发现问题、及时反馈的机制，以便及时调整工作方法与方向，并通过动态分析系统的评估结果预测将来的发展趋势，以便科学规划和提前预防。

结论与后续研究

综合上述研究成果，本书的主要结论包括以下内容：

1. 全民健身活动是指政府倡导、社会参与，全体人民参加的以增进身心健康为目的，以身心运动为特征和基本手段的一种表现形式。根据我国社会改革的发展趋势以及组织财政来源和管理方式、活动的层次的不同，全民健身活动可分为三个层次：第一个层次，从中央到地方由政府主导的各种全民健身活动和各类群众性体育竞赛活动；第二个层次，社会组织或团体开展的各种全民健身活动和群众性体育竞赛活动；第三层次，自愿组织（含个人）开展的经常性群众体育健身活动。科学性、健康性、普遍性、多样性、系统性以及休闲娱乐性是全民健身活动的主要特征。从内容上来看，全民健身活动的内容主要包括两个方面，一是个体健身活动内容，二是集体组织的全民健身活动。

2. 全民健身活动指导体系指两个或两个以上同一类型或性质的以指导全民健身活动为主要目的，通过计划、组织、控制、咨询等多种方法和手段的组织或个人相互联系、相互交叉所形成的多层次、多功能的指导体系或网络。其构成要素包括决策内容、组织机构、人员的培养和管理、科学研究和科普推广以及信息化的通道五个方面．

3. 全民健身活动政策法规指导体系大致分五个层次。第一层次：《中华人民共和国宪法》中的关于全民健身活动的指导性内容；第二层次：《中华人民共和国体育法》《中华人民共和国教育法》；第三层次：国务院制定的全民健身活动行政法规及规范性文件；第四层次：国务院各部委颁布的全民健身活动规章制度及规范性文件；第五层次：地方有关全民健身活动法规、规章及政策性文件。

4. 我国科学健身指导的人力资源主要由社会体育指导员和体育志愿者组成。他们涉及各行各业，主要有教师、科研人员、工会的工作人员，社团组织人员、从事全民健身企业人员以及离退休人员等，构成了全民健身活动指导体系的主要部分。

5. 关于全民健身科学的研究与推广，目前我国健身方法研究机构包括体育科学研究所、体育学术团体、体育行业协会、高等院校及其内部设立的研究中心、体育科学学科研究平台。推广路径有两个：媒介信息推广路径和组织网络化推广路径。

6. 我国全民健身活动指导平台构建模式由三部分组成：全民健身活动政府指导模式、全民健身活动非营利性组织指导模式、全民健身活动企业指导模式。这三部分并非孤立存在，而是相互补充、有机结合、良性互动的关系，这样才能最大程度地发挥全民健身活动指导平台的作用。

7. 全民健身活动指导体系的运行机制是指国家运用行政的、法律的或社会的等手段对全民健身活动指导体系的运行过程进行调节和控制的方式。全民健身活动指导体系运行机制主要是由目标机制、保障机制、协调机制、激励机制和反馈机制等构成的动态体系。

本书对我国全民健身活动的指导体系和运行机制的研究虽有一些收获，但不足之处也是很明显的。

1. 本书从多个维度对我国全民健身活动指导体系与运行机制进行了系统的研究与分析，从我国全民健身活动指导体系的现实复杂性、研究本身的可行性考虑，仅从宏观角度对我国全民健身活动指导体系进行归纳、总结和阐述，没有在微观层面上做进一步的分析。

2. 在研究我国全民健身活动指导体系与运行机制构建的过程中，衍生出了一系列与之相适应的配套机制，如全民健身活动指导评价体系等，由于该体系涉及众多指标（包括微观的指标等），需要从其他视角重新论证，加上该体系可以单独作为一个项目进行研究，故在本书中没有对该体系进行分析，仅从运行机制的角度对评估反馈机制进行了阐述。

3. 本书没有涉及学校的健身活动指导体系。因为学校的健身活动指导是一个独立专门的体系，具有其特殊性，故在本书中也没有进行论述与分析。

以上各点既是研究不足之处，也是下一步后续研究的课题。

参 考 文 献

董新光等:《全民健身大视野》,北京体育大学出版社 2003 年版。

黄国庆、巢莹莹:《管理学概论》第 2 版,清华大学出版社 2014 年版。

姜杰:《西方管理思想史》,北京大学出版社 2007 年版。

李蔚东等:《卫生与发展:建设全民健康社会》,清华大学出版社 2004 年版。

刘国永等:《中国体育社会组织发展报告(2016)》,社会科学文献出版社 2016 年版。

卢元镇:《社会体育学》,高等教育出版社 2005 年版。

潘世钦等:《教育法学》,武汉大学出版社 2003 年版。

裴立新:《全面小康社会多元化全民健身服务体系的研究》,北京体育大学出版社 2006 年版。

秦椿林:《当代中国群众体育管理》,人民体育出版社 2006 年版。

沈德立:《基础心理学》,高等教育出版社 2012 年版。

叶一舵:《现代学校心理健康教育研究》,开明出版社 2003 年版。

于云波:《管理基础实务》,北京交通大学出版社 2009 年版。

曾峻:《公共秩序的制度安排——国家与社会关系的框架及其运用》,学林出版社 2005 年版。

仓江、张丽彦:《辽宁省大众体育管理体制及运行机制的特色》,《武汉体育学院学报》2005 年第 7 期。

陈江、李岩飞:《全民健身公共服务体系框架构建研究》,《当代体育科技》2015

年第 29 期。

陈喜珍：《我国全民健身工程的保障体系研究》，《沈阳体育学院学报》2010 年第
1 期。

陈亚东：《国民体质监测机构运营模式创新与业务能力建设的思考》，《南京体育
学院学报》（社会科学版）2016 年第 6 期。

代方梅等：《体育智库的类型研究》，《湖北体育科技》2016 年第 2 期。

戴俭慧：《国外体育指导员资格认证制度的启示》，《体育学刊》2008 年第 5 期。

戴俭慧等：《英、美、德三国体育指导员制度及启示》，《上海体育学院学报》
2003 年第 4 期。

董新光：《关于全民健身体系的理论构架》，《体育文化导刊》2005 年第 5 期。

段爱明、谭平：《长株潭城市群体育资源配置与管理战略研究》，《体育科技》
2008 年第 4 期。

方锦仕：《大众健身方法的研究与推广探讨》，《运动精品学术版》2016 年第
4 期。

方俊、李炳楠：《公共参与者：第三部门在政府过程中的角色勘察》，《华南理工
大学学报》（社会科学版）2015 年第 6 期。

郭亦农等：《我国公益性社会体育指导员培训体系构建的思考》，《沈阳体育学院
学报》2009 年第 4 期。

何柏林等：《建立健全目标机制 推进创先争优长效化》，《安徽行政学院学报》
2012 年第 4 期。

胡富松、刘志敏：《新时期职工体育的发展特征》，《体育文化导刊》2015 年第
3 期。

胡科、虞重干：《基层社区体育组织建设思考》，《体育文化导刊》2012 年第
3 期。

胡强、张建华：《河南省新农村体育文化发展对策研究》，《体育文化导刊》2015
年第 2 期。

黄文浪、褚文亚：《地方性全民健身法规分析》，《体育文化导刊》2011 年第
9 期。

李明、秦小平：《日本大众体育管理体制及社区体育的运行模式和特点研究》，《浙江体育科学》2009 年第 5 期。

李明：《基于"劣币驱逐良币经济法则"的社会体育指导员职业发展思考》，《当代体育科技》2014 年第 14 期。

李树怡等：《我国社会体育指导员现状调查》，《体育科学》1999 年第 4 期。

李相如等：《我国社会体育指导员发展的动力与平衡机制探讨》，《天津体育学院学报》2008 年第 6 期。

梁红彬：《我国体育志愿者培养体制及其优化措施》，《赤峰学院学报》（自然版）2014 年第 5 期。

刘文霞、郭可雷：《我国体育志愿者队伍的现状及影响因素分析》，《体育研究与教育》2005 年第 1 期。

栾开封：《〈全民健身条例〉试解读》，《体育文化导刊》2011 年第 1 期。

罗旭等：《全民健身体育公共服务运行机制的理论分析》，《沈阳体育学院学报》2009 年第 6 期。

马得平：《"健康中国"视阈下我国体育健身休闲业发展研究》，《浙江体育科学》2016 年第 5 期。

裴立新：《从"全民健身体系"到"多元化全民健身服务体系"的理性认识》，《广州体育学院学报》2004 年第 6 期。

汪波、李慧萌：《论多元化全民健身服务体系的概念与结构》，《体育科学》2011 年第 2 期。

汪流等：《全民健身活动组织模式选择》，《体育文化导刊》2010 年第 3 期。

王燕：《德国大众体育的研究及其启示》，《四川体育科学》2013 年第 6 期。

伍飞霏：《第三部门与政府部门的关系模式及实践发展》，《学会》2010 年第 2 期。

晓敏：《对构建群众性多元化体育服务体系的思考》，《体育文化导刊》2003 年第 8 期。

肖林鹏：《论全民健身服务体系的概念及其结构》，《西安体育学院学报》2008 年第 4 期。

徐焕新：《全民性多元化体育服务体系的指标体系研究》，《首都体育学院学报》2005 年第 4 期。

徐圣霞：《多元化全民健身服务模式之探讨》，《科技视界》2015 年第 34 期。

闫洪杰：《江苏省高校健身气功比赛现状及对策研究》，《运动》2015 年第 20 期。

杨冰、王春来：《我国公益性全民健身服务体系的构建与运行机制问题研究》，《体育科技》2010 年第 4 期。

杨海晨等：《广西新农村建设中乡镇群众体育管理现状与发展趋势分析》，《中国体育科技》2009 年第 2 期。

杨松花、戴维红：《莆田市准体育人口结构与体育活动特征研究》，《韶关学院学报》2009 年第 6 期。

于善旭：《论〈全民健身条例〉对公共体育服务的制度推进》，《天津体育学院学报》2010 年第 4 期。

于善旭：《我国社会体育指导员制度建立 20 年发展述略》，《天津体育学院学报》2013 年第 5 期。

于善旭等：《完善我国社会体育指导员制度有关重点问题探讨》，《天津体育学院学报》2007 年第 5 期。

张宏等：《深圳市组建全民健身市场网络的研究》，《广州体育学院学报》2003 年第 1 期。

张铭：《全国性健身指导活动调查研究》，《体育文化导刊》2011 年第 7 期。

张兴玲、唐成：《对我国体育志愿者组织激励机制的探析》，《长春师范大学学报》2005 年第 11 期。

周慧等：《论小康社会的全民健身服务体系》，《曲阜师范大学学报》2006 年第 1 期。

左思琪：《体育社会组织的现代化治理探析》，《科技创业月刊》2016 年第 14 期。

程轶：《呼和浩特市城市社区体育现状及运行机制的调查研究》，硕士学位论文，内蒙古师范大学，2013 年。

靳娟：《公益性社会体育指导员价值研究》，硕士学位论文，河北师范大学，2010 年。

李娟：《我国非营利组织所得税法律制度研究》，硕士学位论文，厦门大学，2011 年。

罗旭：《我国全民健身服务体系的理论构建与运行机制研究》，博士学位论文，北京体育大学，2006 年。

骆运：《广州社区公共体育服务体系建设现状研究》，硕士学位论文，广州体育学院，2013 年。

王秋梅：《中英两国体育行业国家职业技能鉴定系统的比较研究》，硕士学位论文，苏州大学，2009 年。

王双丽：《我国大型体育赛事志愿者的激励问题与管理对策研究》，硕士学位论文，华中师范大学，2006 年。

闫静：《城市社区体育志愿者发展的理论思考与实证分析》，硕士学位论文，北京体育大学，2006 年。

裴立新等：《全民健身体系若干问题的研究》，《体育与科学》2004 年第 5 期。

齐占霞：《高校应成为社会体育指导员的基地》，《体育学刊》1998 年第 1 期。

邱辉：《美英体育志愿服务的经验及其对我国的启示》，《吉林体育学院学报》2015 年第 6 期。

谭德军等：《广东省职业社会体育指导员的现状调查与研究》，《惠州学院学报》2013 年第 6 期。

谭久红、徐峰：《论第三、四届全国全民健身操舞大赛发展态势研究》，《文体用品与科技》2016 年第 4 期。

孙吉：《城市社区群众体育管理研究》，硕士学位论文，广西大学，2012 年。

仝云：《社会体育指导员激励机制研究》，硕士学位论文，苏州大学，2009 年。

附　　录

附录 I　　全民健身活动指导现状问卷调查表（群众）

城镇（　　）乡村（　　）男性（　　）女性（　　）

全民健身活动指导现状问卷调查表

（群众用）

为了全面了解我国全民健身活动指导现状，及时向有关部门反映我国全民健身活动在指导方面存在的困难和问题，提出全民健身活动指导服务方面的建议，我们组织了这次问卷调查。希望能够得到您的支持和协助。

本次调查严格按照《统计法》的要求进行，不用填写姓名，所有问题只用于统计分析，答案没有正确错误之分。您只需根据自己的实际情况，在问卷的每个问题中选择合适的答案。

衷心感谢您的支持和协助！

姓　　名：＿＿＿＿＿＿＿＿＿＿＿＿＿＿＿

年　　龄：＿＿＿＿＿＿＿＿＿＿＿＿（周岁）

家庭住址：＿＿＿＿＿＿区（县）街道（乡镇）
＿＿＿＿＿＿＿＿＿＿居（村）委会

联系电话：＿＿＿＿＿＿＿＿＿＿＿＿＿＿＿

调查日期：＿＿＿＿＿＿＿＿＿＿＿＿＿＿＿

国家体育总局体育科学研究所

2015 年

一、基本资料

A1. 您的性别：（单选题）

（1）男　　　　　　（2）女

A2. 您的年龄：（单选题）

（1）20 岁以下　（2）20—39 岁　（3）40—59 岁　（4）60—69 岁

（5）70 岁以上

A3. 您的文化程度：（单选题）

（1）未上过学　（2）小学　　　（3）初中　　　　（4）高中或中专

（5）大专及以上

A4. 您的职业属于下列哪一类：（单选题）

（1）国家与社会管理者　　　　（2）经理人员

（3）私营企业主　　　　　　　（4）专业技术人员

（5）办事人员　　　　　　　　（6）个体工商户

（7）商业服务业员工　　　　　（8）产业工人

（9）农业劳动者　　　　　　　（10）城乡无业、失业者

A5. 您的月收入是：（单选题）

（1）2000 元以下　　　　　　（2）2000—4999 元

（3）5000—9999 元　　　　　（4）10000 元以上

二、体育健身活动基本情况

B1. 您参加过体育健身活动吗？（选择否就不需再回答下面的问题）

（1）是　　　　　（2）否

B2. 您平均每周大约进行几次体育健身活动：（单选题）

（1）1—2 次　　（2）3—4 次　　（3）4—5 次　　（4）5 次及以上

（5）不一定

B3. 您参加体育健身活动的时间通常选择在一天的：（单选题）

（1）早晨　　　　（2）上午　　　　（3）中午　　　　（4）下午

（5）晚上

B4. 通常情况下，您每次参加体育健身活动的时间为：（单选题）

（1）30 分钟以下

（2）30 分钟—1 小时之间

（3）1 小时以上

B5. 您有固定的体育健身活动场所吗？（单选题）

（1）有　　　　　（2）不太固定　　　　　　　（3）没有

B6. 您参加体育健身活动的场所是（限选 3 项）

1. _____　　2. _____　　3. _____

（1）公园、广场　　　　　　（2）单位的体育场所

（3）免费的公共体育场所　　（4）收费的公共体育场所和健身场所

（5）住宅区空地　　　　　　（6）公路、街道

B7. 您在参加体育健身活动时有专门指导者吗？（单选题）

（1）有　　　　（2）有时有　　　（3）没有

B8. 您是按照体育健身计划表锻炼吗？（单选题）

（1）是　　　　　　　　　　（2）否

B9. 您是否加入了某个体育健身民间社团组织？（单选题）

（1）是　　　　　　　　　　（2）否

B10. 您主要以何种方式进行体育健身活动的？（限选 3 项）

1. _____　　2. _____　　3. _____

（1）独自

（2）与家人一起

（3）与朋友、同事一起

（4）参加单位组织的活动

（5）参加社区组织的活动

（6）参加体育辅导站、俱乐部的活动

（7）政府部门组织的活动

（8）各单项体育协会（篮球协会、田径协会、足球协会等）组织的活动

（9）其他（请写明）：

B11. 您参加体育健身活动时，获得过哪些奖励？ （请填写奖励的全名称）

_____

_____

B12. 您有相对固定的体育健身活动项目吗？（单选题）

（1）有　　　　（2）没有

B13. 您参加体育健身活动时所选择的项目主要为：（限选 3 项）

1. _____　　2. _____　　3. _____

（1）跑步　　（2）球类　　（3）游泳

（4）登山　　（5）健美力量练习

（6）健身操（舞）、秧歌　　（7）武术、气功

（8）棋类、桥牌　　　　（9）其他

B14. 您用于体育健身消费支出的主要项目为：（多选题）

（1）购买体育运动器材

（2）购买体育书报杂志、音像制品等

（3）支付体育锻炼指导费、培训费等

（4）支付场地使用费、器材租赁费

（5）观赏体育比赛

（6）其他（请写明）_____

B15. 您的闲暇时间主要用于：（限选 3 项）

1. _____　　2. _____　　3. _____

（1）家务劳动　（2）学习与进修（3）辅导子女学习

（4）社会交往　（5）体育锻炼　（6）文化娱乐

（7）看电视、读书报　　　　（8）参加社会公益活动

B16. 影响您定期参加体育健身活动的主要原因为：（多选题）

1. _____　　2. _____　　　　　3. _____

（1）时间限制　（2）体育场地设施限制　　（3）个人精力不足

（4）缺乏指导　（5）其他（请写明）：_____

B17. 您运动兴趣的形成是在什么时期：（单选题）

（1）在校期间（小学、中学、大学）

（2）工作阶段

（3）退休后

B18. 使您形成运动兴趣的因素是：（多选题）

（1）在校期间受到的体育教育

（2）看体育新闻、电视转播，听体育播音或与体育健身相关的节目

（3）参加单位体育活动

（4）受家庭成员的影响

（5）受同事或朋友的影响

（6）受体育明星、体育名人的影响

（7）其他（请写明）：_____

三、健身意识和需求

C1. 您了解国家全民健身活动的有关政策和法规吗？（单选题）

（1）非常了解　（2）比较了解　　　　（3）不太了解

（4）不了解　（5）非常不了解

C2. 您购买过与体育健身活动有关的书籍、光盘或其他参考资料吗？

（单选题）

（1）购买过　（2）没购买过

C3. 您平时关注有关体育健身活动的宣传报道吗？（单选题）

（1）非常关注　　（2）比较关注　　　　　　　　（3）一般

（4）不太关注　　（5）非常不关注

C4. 您认为体育健身活动对于改善和提高您的业余文化生活质量：（单选题）

（1）非常重要　　（2）比较重要　　　　　　　　（3）一般

（4）不太重要　　（5）非常不重要

C5. 您参加体育健身活动时，认为体育健身的设施和环境重要吗？（单选题）

（1）非常重要　　（2）比较重要　　　　　　　　（3）一般

（4）不太重要　　（5）非常不重要

C6. 您参加体育健身活动时，认为体育健身的组织和指导重要吗？（单选题）

（1）非常重要　　（2）比较重要　　　　　　　　（3）一般

（4）不太重要　　（5）非常不重要

C7. 您参加体育健身活动主要是因为：（限选 3 项）

1. _____　　　2. _____　　　3. _____

（1）提高身体素质　　　　　　（2）社会交往、交结朋友、联络感情

（3）提高体育技术水平　　　　（4）减轻压力、调节情绪、调节精神

（5）健美体形　　　　　　　　（6）缓解疲劳

（7）磨炼意志　　　　　　　　（8）消遣娱乐、满足兴趣

（9）参赛取胜　　　　　　　　（10）商贸媒介

（12）防病治病　　　　　　　（13）其他（请写明）：_____

C8. 您在体育健身活动中接受过什么样的指导？（多选题）

（1）没有指导　　　　　　　　（2）体育教练、教师

（3）社会体育指导员　　　　　（4）社会体育志愿者

（5）其他受过相关专业训练的人　（6）参照专业教材自己练

（7）其他人员（请写明）_____

C9. 您参加过体质测量和评定吗？（单选题）

（1）从未参加　　　　　　　（2）从未参加，但准备参加

（3）每年 1 次以上　　　　　（4）曾经参加过

C10. 您掌握运动技能的主要途径？（多选题）

（1）从事过专业训练　　　　（2）在学校获得（非体育专业）

（3）社会上的短期培训　　　（4）自学

（5）其他（请写明）_____

C11. 您主要从哪些途径获得体育信息？（限选 3 项）

1. _____　　　2. _____　　　3. _____

（1）书刊、报纸　　　　　　（2）电视（DVD、录像），广播

（3）互联网　　　　　　　　（4）学校教育

（5）现场观摩　　　　　　　（6）社交

（7）其他（请写明）_____

C12. 您认为参加体育健身活动必须具备哪些条件？（限选 3 项）

1. _____　　　2. _____　　　3. _____

（1）有时间　　　　　　　　（2）有经费

（3）有场地器材　　　　　　（4）有指导

（5）有同伴　　　　　　　　（6）克服惰性

（7）无须特别条件　　　　　（8）其他（请写明）：_____

C13. 您在体育健身活动时最希望获得的服务内容为：（限选 3 项）

1. _____　　　　　　　　2. _____　　　3. _____

（1）良好的健身环境　　　　（2）高水平的健身指导

（3）高质量的健身场地与设施　（4）有组织的健身氛围

（5）配套的休闲娱乐设施　　（6）配套的保健康复设施

（7）合理的收费　　　　　　（8）其他（请写明）：_____

四、体育健身指导与志愿者服务（体育志愿者服务从 16 题开始填写）

D1. 您的社会体育指导员等级是：（单选题）

（1）国家级　　　（2）一级　　　（3）二级　　　（4）三级

D2. 您是哪类社会体育指导员类型：（单选题）

（1）技能型　　　（2）管理型

D3. 您从事社会体育指导工作的原因：（限选 3 项）

1. _____　　　2. _____　　　3. _____

（1）强身健体　　（2）防病治病　　　　　　　　（3）公民义务

（4）社会承认　　（5）出于兴趣爱好　　　　　　（6）消遣娱乐

（8）经济效益　　（9）拓宽社交　　　　　　　　（10）职业发展

（11）其他原因（请写明）：_____

D4. 您的服务方式为：（单选题）

（1）有偿服务　　（2）无偿自愿　　（3）其他

D5. 您获取知识技能的来源：（限选 3 项）

1. _____　　　2. _____　　　3. _____

（1）长期锻炼体会　　　　　　（2）各种短期培训

（3）媒体传授　　　　　　　　（4）体育院校专业培训

（5）康复锻炼过程　　　　　　（6）通过书籍、报刊自学

D6. 您认为参加社会体育指导员培训的途径有哪些：（多选题）

（1）通过互联网　　　　　　　（2）有相关专业的高等院校

（3）政府相关机构

（4）体育协会、体育俱乐部等体育社团

（5）其他（请写明）：_____

D7. 为了提高您的指导能力，您是否希望参加专业技能培训：（单选题）

（1）愿意参加　（2）不需要　　（3）无所谓

D8. 在培训中您最迫切希望学习到的内容是：（限选 3 项）

1. _____　2. _____　3. _____

（1）体育锻炼基本知识　　（2）具体项目技能

（3）体育基础理论知识　　（4）社会体育科研知识

（5）组织管理知识　　　　（6）政策理论知识

（7）经营管理知识　　　　（8）自身保健知识

（9）运动防范知识

D9. 您希望通过培训提高自己的：（多选题）

（1）体育技能水平

（2）体育理论水平

（3）在提高理论水平的基础上重点加强技能水平

（4）其他（请写明）：_____

D10. 对当前的培训形式您认为应该是：（单选题）

（1）集中统一面授，辅助自学为主

（2）按指导对象的不同分开培训

（3）按指导项目的不同分开培训

（4）按服务方式（有偿无偿）不同分开培训

D11. 您所参加培训学费的来源为：（单选题）

（1）自己出　　　　　　　　（2）单位出

（3）体育行政部门出　　　　（4）单位出一部分，自己出一部分

（5）其他（请写明）：_____

D12. 如果培训费自己出，是否愿意参加培训：（单选题）

（1）不愿意　（2）可以考虑　（3）愿意

D13. 影响您进行再培训与技能学习的因素：（多选题）

（1）经费不足　（2）领导不支持（3）有关规定的缺失

（4）自身因素　（5）其他（请写明）：_____

D14. 您对社会体育指导的期望是：（多选题）

（1）建立小区体育设施

（2）尽可能开放体育场馆合理收费

（3）应有专人指导开展体育锻炼

（4）加强体育知识锻炼方法的宣传报道

（5）健全体育法规政策保证公民享有体育权利

（6）其他（请写明）：_____

D15. 您作为社会体育指导员，获得过哪些奖励？（请填写奖励的全名称）

_____

_____

D16. 您是一名社会体育志愿者吗？（单选题）

（1）是的　　　（2）不是　　　（3）其他（请写明）：_____

D17. 您是自愿的吗？（单选题）

（1）是的　　　（2）不是　　　（3）其他（请写明）：_____

D18. 您参加社会体育志愿者活动状况如何？（单选题）

（1）经常参加　（2）有时参加　（3）偶尔参加　（4）从未参加

D19. 您在一年内参与社会体育志愿者活动的时间？（单选题）

（1）10 小时以下　　　　（2）10—19 小时

（3）20—49 小时　　　　（4）50—99 小时

（5）100 小时以上

D20. 您认为作为一名社会体育志愿者应具备哪些素质能力？（限选3项）

1. _____　　2. _____　　3. _____

（1）裁判员　　（2）教练员　　（3）体育教师

（4）健身指导员（5）康复保健员（6）运动策划员

（7）体育管理员（8）运动营养师（9）其他（请写明）：_____

D21. 您经常参与社会体育志愿服务的时间段？（多选题）

（1）早晨　　　　（2）中午　　　　（3）傍晚

（4）双休日　　　（5）节假日　　　（6）其他（请写明）：_____

D22. 您经常参与社会体育志愿服务的地点？（限选3项）

1. _____　　　2. _____　　　3. _____

（1）社区　　　　（2）街道　　　　（3）广场

（4）公园　　　　（5）企业　　　　（6）学校

（7）乡村　　　　（8）其他（请写明）：_____

D23. 接受您的社会体育志愿服务的人群年龄状况？（多选题）

（1）儿童　　　　（2）少年　　　　（3）青年

（4）中年　　　　（5）老年

D24. 接受您的社会体育志愿服务的人群职业状况？（限选3项）

1. _____　　　2. _____　　　3. _____

（1）学生　　　　（2）教师　　　　（3）企业职工

（4）农民　　　　（5）机关干部　　（6）外来务工人员

（7）无业人员　　（8）退休人员　　（9）其他（请写明）：_____

D25. 您参与社会体育志愿服务的专业手段？（限选3项）

1. _____　　　2. _____　　　3. _____

（1）理论讲解　　（2）健身指导　　（3）技能示范

（4）健身陪练　　（5）康复保健　　（6）运动项目策划

（7）运动医疗　　（8）体育游戏　　（9）体育比赛

（10）体育表演　（11）健身娱乐　（12）其他（请写明）：_____

D26. 您参与社会体育志愿者活动的形式？（单选题）

（1）组织参与　　（2）自发参与

D27. 您的服务方式为：（单选题）

（1）有偿服务　　（2）无偿自愿　　（3）其他

D28. 您经常从事社会体育志愿者服务的内容有：（限选3项）

1. _____   2. _____   3. _____

（1）导引　　　　（2）联络　　　　（3）设施维修

（4）募捐安保　　（5）宣传　　　　（6）餐饮

（7）训练比赛　　（8）赛场秩序维护　　　　　（9）医疗

（10）体育设施管理　　　　（11）电脑网络服务

（12）俱乐部的体育经营管理

D29. 您是如何取得社会体育志愿者岗位的：（单选题）

（1）临时培训　　　　　　（2）专业培训并获得资格证

（3）未经任何培训　　　　（4）其他（请写明）：_____

D30. 您作为社会体育志愿者，获得过哪些奖励？（请填写奖励的全名称）

_____

_____

附录Ⅱ　全民健身活动指导现状
问卷调查表（管理人员）

全民健身活动指导现状问卷调查表
（管理人员用）

感谢您在百忙之中抽出时间参加本次调查。完善我国全民健身活动指导服务体系，提高全民健身活动的质量，深入贯彻落实《全民健身条例》，是实现全民健身这一国家战略的重要举措。目前我们正在开展关于我国全民健身活动指导体系的构建与运行机制的研究，对相关内容进行调查，请根据您的工作经验和实际情况对问卷中的每个问题进行填写或选择合适的答案。

再次感谢您对本研究的支持！

姓　　名：_____

联系电话：_____

调查日期：_____

调查单位：_____

编　　号：_____

国家体育总局体育科学研究所

2015 年

（一）您的基本情况

1. 您的职务级别

（1）无　　　（2）科级以下　（3）科级　　　（4）处级

（5）司局级

2. 您的职称级别

（1）无　　　（2）初级　　　（3）中级　　　（4）副高

（5）正高

3. 您所在地区是否建有以政府部门领导牵头的全民健身领导机构？

（1）有　　　　（2）没有

如果"有"请填写下一题，"没有"请跳过填写5题。

4. 您所在地区（或部门）是否建有下列基层群众体育组织和体育社会
团体

	是	否
（1）社会体育指导中心（或体育指导站、体育健身点）		
（2）人群体育协会（如老年体协）		
（3）项目体育协会（如羽毛球协会）		
（4）行业体育协会（如火车头体协、前卫、煤炭等）		
（5）体育健身俱乐部		
（6）其他（请写明）：_____		

5. 您所在地区（或部门）群众体育活动的管理方式主要为：　（限
选3项）

a. _____　　b. _____　　c. _____

（1）自主管理　　　　　　（2）体育行政管理

（3）体育协会管理　　　　（4）所属单位管理

（5）街头或居委会管理　　　　（6）锻炼场所管理者管理

（7）其他管理

6. 您认为国家现有关于群众体育活动的法规制度是否健全：（单选题）

（1）健全

（2）不健全，您认为当前最急需加强的方面为：＿＿＿＿＿＿

7. 您所在的地区（或部门）制定有下列哪些与大众健身有关的法规制度？

	有	没有
（1）社会体育督导制度		
（2）群众体育工作制度		
（3）体育社会团体管理制度		
（4）体育场地设施管理制度		
（5）国民体质监测制度		
（6）社会体育指导员培训与管理制度		
（7）群众体育检查评比制度		
（8）经费使用与管理制度		
（9）国家体育锻炼标准制度		
（10）其他（请写明）：＿＿＿＿＿＿		

8. 您所在的地区（或部门）开展群众体育活动时主要采用的组织形式为：＿＿＿＿＿＿（限选 5 项）a. ＿＿＿＿＿＿　b. ＿＿＿＿＿＿　c. ＿＿＿＿＿＿ d. ＿＿＿＿＿＿e. ＿＿＿＿＿＿

（1）以机关、企事业单位为主体开展活动

（2）以基层俱乐部为主体开展活动

（3）以街道居委会（或村委会）为依托组织活动

（4）以社区体协（农民体协）等体育社团组织协助各部门共同组织社区（农村）体育活动

（5）以学校为主体开展活动

（6）以体育俱乐部为主体开展活动

（7）以体育健身中心（站）、指导站、活动点等为主体开展活动

（8）以文化站为主体开展活动

（9）其他（请写明）：_____

（二）场地设施

9. 您所在地区（或部门）组织开展群体活动时的场地设施主要来自：（限选3项）a. _____ b. _____ c. _____ d. _____ e. _____

（1）学校体育场地设施

（2）企事业单位场地设施

（3）社区内或村委会体育场地设施

（4）社会经营性体育场所

（5）体育系统公共体育场地设施

（6）公园广场　　　　　　　　（7）街头巷尾

（8）江河湖畔　　　　　　　　（9）其他（请写明）：_____

10. 您所在的地区（或部门）的公共体育设施是否能满足公众需要？（单选题）

（1）不能满足　（2）基本满足　（3）完全满足

11. 您认为当前解决场地设施最主要的措施有：（多选题，并按照作用的大小排序，将序号填写在相应的横线上（如1，2）

（1）促使学校、单位等系统的场地设施向公众开放_____

（2）充分利用公园广场_____

（3）充分利用我国户外运动资源（江河湖泊、森林、海滩）_____

（4）政府加大体育场地设施的建设与投入_____

（5）提高现有公共体育场地设施的利用率_____

（6）给予政策优惠，鼓励企业、私人兴办体育场所_____

（7）提供场地设施使用费（包括向个人或群体收取）＿＿＿＿＿＿

（8）其他（请写明）：＿＿＿＿＿＿

（三）活动经费

12. 您所在的地区（或部门）开展群体活动的经费来源为：（多选题，并在相应横线上填写所占比例%）

（1）政府拨款＿＿＿＿＿＿　　　　（2）体育行政部门拨款＿＿＿＿＿＿

（3）体育彩票公益金＿＿＿＿＿＿　　（4）单位或部门创收＿＿＿＿＿＿

（5）社会团体拨款＿＿＿＿＿＿　　　（6）企业赞助＿＿＿＿＿＿

（7）工会部门拨款＿＿＿＿＿＿

（8）街道、居委会或村委会拨款＿＿＿＿＿＿

（9）私人资助＿＿＿＿＿＿　　　　（10）个人投资＿＿＿＿＿＿

（11）其他（请写明）：＿＿＿＿＿＿

13. 您所在地区（或部门）群体活动经费的问题是：

＿＿＿＿＿＿＿＿＿＿＿＿＿＿＿＿＿＿＿＿＿＿＿＿＿＿＿＿＿＿＿＿＿＿

＿＿＿＿＿＿＿＿＿＿＿＿＿＿＿＿＿＿＿＿＿＿＿＿＿＿＿＿＿＿＿＿＿＿

＿＿＿＿＿＿＿＿＿＿＿＿＿＿＿＿＿＿＿＿＿＿＿＿＿＿＿＿＿＿＿＿＿＿

（四）群体队伍

14. 您所在地区（或部门）社会体育志愿者队伍建设情况为：（单选题）

（1）无建设规划，临时组建　　　（2）有建设规划，需要时组建

（3）有稳定的队伍　　　　　　　（4）其他（请写明）：＿＿＿＿＿＿

15. 您所在地区（或部门）大众健身活动场所是否都有社会体育指导员或社会体育志愿者进行健身指导？（单选题）

（1）全部都有　　　　　　　　　（2）大部分场所有

（3）少部分场所有　　　　　　　（4）没有

16. 您认为我国社会体育指导员或社会体育志愿者培训的最佳方式为：（单选题）

（1）国家培训、义务服务　　　　（2）自费培训、义务服务

（3）自费培训、有偿服务　　　　（4）国家培训、有偿服务

（5）有偿服务者自费培训、义务服务者国家培训

（6）其他（请写明）：_____

17. 您认为我国社会体育指导员或社会体育志愿者管理体制的对策为：（限选3项）a. _____　b. _____　c. _____

（1）强化政府的宏观管理职能，积极培育和动员体育社会团体参与管理和培训工作

（2）优化我国社会体育指导员或社会体育志愿者队伍的结构

（3）丰富我国社会体育指导员或社会体育志愿者的类别结构

（4）完善我国社会体育指导员或社会体育志愿者的课程结构

（5）完善我国社会体育指导员或社会体育志愿者的培训制度

（6）其他（请写明）：_____

（五）活动开展

18. 您所在地区(或部门)组织开展群体活动的重点人群为：(限选5项)

a. _____　b. _____　c. _____　d. _____　e. _____

（1）儿童　　（2）青少年　　（3）青壮年　　（4）中年人

（5）老年人　　（6）残疾人　　（7）部队官兵　　（8）无业人群

（9）其他（请写明）：_____

19. 您组织开展群体活动时经常要联系和协调的系统外部门或单位为：（限选5项）

a. _____　b. _____　c. _____　d. _____　e. _____

（1）工会　　　　（2）共青团组织　　　　　　（3）妇联

（4）体育协会　　（6）园林、市政府部门　　　（7）企事业单位

（8）体育俱乐部（9）街道或居委会　　　　　（10）文化局（站）

（11）其他（请写明）：_____

20. 您所在地区（或部门）组织健身活动指导的具体方式主要为：（限选 5 项）

a. _____　b. _____　c. _____　d. _____　e. _____

（1）全民健身运动会　　　　（2）行业职工运动会

（3）社区运动会　　　　　　（4）家庭运动会

（5）村民运动会　　　　　　（6）健康讲座

（7）体质测定　　　　　　　（8）健身咨询

（9）康复保健　　　　　　　（10）其他（请写明）：_____

21. 您所在地区（或部门）是否建有固定的国民体质监测中心（站）：（单选题）

（1）有　　　　　（2）没有

22. 如果有，继续 23—25 提问；没有，从 26 开始提问。

23. 您所在地区（或部门）建有国民体质监测中心（站）的数量为

24. 您所在地区（或部门）国民体质监测中心（站）是否有专职的工作人员

（1）有　　　　　（2）没有

25. 您所在地区（或部门）的国民体质监测中心（站）存在的问题为：（多选题）

（1）沟通不畅　　　　　　（2）指导不利

（3）开支太大　　　　　　（4）不能发挥作用

（5）其他（请写明）：_____

（六）项目与评价

26. 您认为提高大众健身消费应重点开发的项目是：（限选5项）

a. _____ b. _____ c. _____ d. _____ e. _____

（1）健身场地和设施服务 （2）健身指导与咨询服务

（3）体育竞赛与表演服务 （4）健身组织与管理服务

（5）体质测试服务 （6）体育项目技能培训

（7）运动处方服务 （8）运动康复保健服务

（9）娱乐休闲服务 （10）运动心理咨询

（11）运动医务监督 （12）健身旅游服务

（12）其他（请写明）：_____

27. 您认为全民健身活动指导工作成效应采用哪些指标：

	非常重要	比较重要	一般	不太重要	很不重要
（1）群体干部培训的次数					
（2）社会体育指导员数量与比例					
（3）社会体育志愿者数量与比例					
（4）体育指导站或体育指导中心的数量					
（5）群众体育事业费投入					
（6）自筹资金的比例					
（7）体育彩票公益金用于群体活动的比例					
（8）晨晚练数量					
（9）各类体育社会团体的数量、规模					
（10）青少年体育俱乐部数量					
（11）国民体质监测中心，监测站，监测点的数量					
（12）群众体育组织管理机构健全程度					

	非常重要	比较重要	一般	不太重要	很不重要
（13）国民体质指标及测定情况					
（14）体育竞赛与表演的次数与质量					
（15）健身服务科研与成果					
（16）组织大众健身活动的次数，参加人数					
（17）大众健身服务产业的产值和增加值					
（18）群体法规制度建设情况					
（19）其他（请写明_____）					

28. 本部门在开展大众健身指导工作时，采取了哪些鼓励和奖励措施？

（请填写鼓励和奖励的全名称）

_____

_____

_____

（七）存在的问题与困难

29. 本部门在开展大众健身指导工作遇到的主要困难为：（限选5项）

　　a. _____ b. _____ c. _____ d. _____ e. _____

（1）群众建设参与热情不高

（2）群众健身消费意识较差

（3）缺乏体育场地设施

（4）缺乏合格的社会体育指导员

（5）缺乏合格的社会体育志愿者

（6）群体管理人员数量不足

（7）权限太小，管理力量不足

（8）经费缺乏，经费筹集渠道不畅

（9）群众体育法规不健全，无行政指令无法开展工作

（10）政府的行政管理部门没有形成对基层群众体育的直接有效管理

（11）缺乏相应的奖惩措施

（12）缺乏基础理论指导

（13）涉及的机构繁多，难以协调

（14）其他（请写明）：_____

30. 您认为目前影响群众参与健身活动的主要因素为：（限选 5 项）

a._____ b._____ c._____ d._____ e._____

（1）健身意识不强

（2）体育技能较差

（3）工作或家务负担重，没时间

（4）缺乏锻炼场所和器材

（5）组织与管理者数量不足

（6）指导者或志愿者数量不足，水平有限

（7）参与人群与活动的管理者、指导者沟通不畅

（8）无体育消费能力

（9）体育科学化水平有待提高

（10）领导重视不够

（11）其他（请写明）：_____

31. 您认为全民健身活动指导工作存在的问题与不足是：（限选 5 项）

a._____ b._____ c._____ d._____ e._____

（1）全民健身活动指导工作开展不够广泛

（2）群众健身的反馈信息不足

（3）缺乏具体的指导工作目标与指标

（4）全民健身活动指导工作的科学化程度低

（5）传统意识下管理与工作方式大量存在

（6）政府主导成分过大，社会参与成分过少，体育社团组织以及公民个

人作用未得到应有发挥

（7）其他（请写明）：＿＿＿＿＿＿＿

（八）建议与措施

32. 您认为目前群体管理干部急需做的工作为：（限选5项）

a. ＿＿＿＿＿＿　b. ＿＿＿＿＿＿　c. ＿＿＿＿＿＿　d. ＿＿＿＿＿＿　e. ＿＿＿＿＿＿

（1）加大全民健身的宣传力度

（2）提高执法力度，实施法制化管理

（3）加快培育体育协会、俱乐部等社会团体

（4）加快修建群众体育场地设施

（5）加紧培养社会体育指导员和社会体育志愿者

（6）尽可能开放体育场馆，合理收费

（7）收集整理各种健身方法并加以推广

（8）加强群众体育科研

（9）其他（请写明）：＿＿＿＿＿＿＿

33. 您认为目前完善我国全民健身服务指导体系的关键因素为:（限选5项）

a. ＿＿＿＿＿＿　b. ＿＿＿＿＿＿　c. ＿＿＿＿＿＿　d. ＿＿＿＿＿＿　e. ＿＿＿＿＿＿

（1）加强各系统、各部门的沟通机制，弱化政府行政部门的管理权限，扩大社会团体、企业、私人等兴办大众健身活动的自主权

（2）扩大资金来源，建立以政府投入为主，多种社会补偿方式为辅的多元化资金投入模式

（3）激发大众的有效体育需求，引导大众转变消费结构和习惯，提高体育健身消费水平

（4）加强大众健身政策法规建设，提高制度化、法规化水平

（5）提高大众健身的操作化和实效化水平，使大众健身的目标具体化、规范化、可评化

（6）健全大众健身监督与评估系统

（7）加强大众健身指导与体质监测工作

（8）加大社会体育指导员和社会体育志愿者的培训力度

（9）加大组织管理者的培训力度

（10）定期组织各种形式的大型大众健身活动

（11）定期举办具有区域特征的单项健身活动

（12）改善和增加场地设施以及周围的环境条件

（13）其他（请写明）：_____

34. 您对完善我国全民健身服务指导体系还有何宝贵意见和建议：

后　记

　　该书是作者在承担国家社科基金课题的基础上完成的。为了更好地完成本项课题，了解我国基层全民健身活动的实际情况，在国家体育总局群体司和体育科学研究所的大力支持下，对全国各省市区县的各级全民健身活动的管理人员以及部分省市基层群众进行了问卷调查，掌握了第一手资料和数据。同时，因国家社科基金课题经费有限，在完成本书的过程中，得到了国家体育总局体育科学研究所基本科研业务费的资助。最后，在课题组成员的共同努力下，该项目圆满结题，并得到了国家社科基金专家评委的一致好评。在各方的大力支持和帮助下，本书的出版成为现实。

　　在本书即将付梓之际，感谢国家体育总局群体司的各位领导以及全国各地的群众体育管理者的大力支持和全民健身活动爱好者的积极参与，感谢国家体育总局体育科学研究所的各位领导的大力支持以及我的两位研究生张晗、李东在资料的收集及整理方面所做的工作，也感谢人民出版社的领导和编辑为本书的出版所付出的努力和支持，最后感谢我的家人对我工作的默默支持和奉献。